UN BICHO RARO

M

Papel certificado por el Forest Stewardship Council®

MIXTO
Papel | Apoyando la
silvicultura responsable
FSC® C117695

Penguin
Random House
Grupo Editorial

Primera edición: marzo de 2026

© 2026, Tonifero, por el texto y las fotografías
© 2026, Penguin Random House Grupo Editorial, S. A. U.
Travessera de Gràcia, 47-49. 08021 Barcelona

Printed in Spain – Impreso en España

ISBN: 979-13-87724-34-4
Depósito legal: B-1.230-2026

Compuesto por Miguel Ángel Mazón Studio
Impreso en Gráficas 94, S. L.
Sant Quirze del Vallès (Barcelona)

GT 24344

TONIFERO

UN BICHO RARO

HISTORIAS SALVAJES DE UN RESCATADOR DE ANIMALES

Montena

ÍNDICE

CAPÍTULO 1

UN MECÁNICO EN EL MONTE

Antes de empezar con este libro, quiero confesarte algo: mi vida cambió el día que decidí seguir a los animales. Desde entonces, cada rescate, cada mordisco y cada encuentro me ha llevado hasta aquí. Este libro no es solo mi historia, también es una invitación: a que sientas la naturaleza como yo la siento. ¿Listo? ¡Empezamos!

Nací y me crie en Madrid, pero mi corazón siempre ha tenido las raíces en dos pueblos. He tenido la suerte de pasar todos los veranos de mi vida entre Villanueva del Campillo, en plena sierra de Ávila, y Aguilar de Tera, en Zamora. Uno está perdido en la naturaleza, rodeado de montañas y cielos despejados. El otro se extiende en la llanura zamorana, entre encinares y con el río Tera refrescando los interminables días de calor.

En ambos pueblos aprendí lo que significan el campo, el silencio y la vida salvaje. Allí, desde niño, perseguía lagartijas, levantaba piedras para buscar arañas y me fascinaba con las culebras viperinas.

ME ENCANTABA COGER BICHOS CON LA MANO, SENTIR ESA MEZCLA DE RESPETO Y CURIOSIDAD, ESA CHISPA DE VIDA QUE ME CONECTABA CON ALGO MÁS GRANDE QUE YO.

Durante años, todo quedó en un pasatiempo de verano. Mi día a día en Madrid era otra historia: el instituto, primero la ESO… y después el Bachillerato. En aquel momento ni imaginaba que pudiera estudiar algo relacionado con la naturaleza, aunque lo deseaba. Más adelante, cuando terminé el Bachillerato, intenté entrar en el grado de Gestión Forestal y del Medio Natural, pero no me cogieron. Aquello me dolió, porque era lo que más me ilusionaba.

Para poder mantenerme, me puse a trabajar de mozo de almacén, y lo dejé tras ocho meses para preparar las oposiciones de Agente Forestal; sin embargo, pronto vi que era un camino muy complicado: pocas plazas y largos periodos de espera, ya que las oposiciones solo se convocaban cada tres años. Así que decidí buscar una alternativa y terminé estudiando un grado superior de Mecatrónica Industrial, un plan B que me asegurara un título y un futuro en el caso de que las oposiciones no salieran bien. Lo acabé hace poco, en junio del año pasado, después de las prácticas. Para entonces ya era autónomo, me dedicaba a las redes sociales y ganaba lo suficiente como para vivir de ello, por lo que varias veces me planteé dejar la mecánica.

NUNCA LLEGUÉ A TRABAJAR DE MECÁNICO Y, LLEGADOS A ESE PUNTO, ME LANCÉ DE LLENO A MI VERDADERA PASIÓN: LA NATURALEZA Y LAS REDES SOCIALES.

Con el tiempo entendí algo importante: todo ese rodeo, todas esas decisiones tomadas desde el miedo a no tener un futuro, no me llevaron a ningún sitio distinto del que ya sabía desde el principio. Estudié algo que no me llenaba buscando seguridad, cuando en realidad lo único que necesitaba era ser honesto conmigo mismo. Al final terminé dedicándome exactamente a aquello que ya me llamaba antes, demostrando que ningún título garantiza la felicidad y que, muchas veces, el verdadero riesgo no está en perseguir lo que te gusta, sino en pasar la vida evitando hacerlo. Hoy tengo claro que equivocarse de camino también enseña, pero que escuchar lo que de verdad te mueve es la única forma de no perderte por el camino.

FUE EN 2018 CUANDO DI UN PASO QUE CAMBIARÍA MI VIDA: SUBÍ MI PRIMER VÍDEO A YOUTUBE.

El rescate que había grabado no era gran cosa, pero para mí fue enorme: dos culebras de escalera y un erizo en medio de una carretera. El vídeo es de mala calidad, grabado casi sin pensar, y lo tengo oculto porque me da cierta vergüenza. Sin embargo, ahí empezó todo, por lo que guardo con especial cariño el momento, que fue como abrir una puerta. En este libro incluso he dejado un pequeño regalo: un código QR con acceso al vídeo para quienes quieran ver ese primer intento. Es cutre, sí, pero real, y supuso el inicio de todo.

AL PRINCIPIO PENSABA QUE ERA UN BICHO RARO. ¿QUIÉN EN SU SANO JUICIO SE EMOCIONABA LEVANTANDO PIEDRAS PARA BUSCAR ARAÑAS O SE PASABA HORAS PERSIGUIENDO CULEBRAS?

UN BICHO RARO

Pero pronto descubrí que no estaba solo. En internet, en YouTube y en Instagram encontré a chavales como yo; algunos eran de mi edad y otros un poco mayores, pero todos compartíamos la misma pasión: las serpientes, los anfibios, los reptiles en general. Ver que había más gente así me dio un chute de energía brutal.

Recuerdo que me sentía comodísimo cuando hablaba con ellos, no tenía que disimular ni justificarme, podía escribir «Hoy he cogido una viperina en el río» y no me miraban raro, sino que me respondían con entusiasmo. Esa sensación de pertenencia me enganchó más todavía.

EN DICIEMBRE DE 2019 LLEGÓ EL GRAN CAMBIO: EMPECÉ A QUEDAR EN PERSONA CON OTROS BICHEROS.

La primera vez fue con Samuel, un chico de Salamanca; aprovechamos que yo estaba en el pueblo de Ávila y vino un día a bichear conmigo, recuerdo perfectamente que encontramos una víbora. No era un viaje largo ni espectacular, pero sí que fue el primer paso: compartir en directo esa pasión con alguien igual que yo.

Unos días después, la cosa se puso seria. Me uní a un grupo de chavales con los que iba a vivir mi primer gran viaje.

AHÍ CONOCÍ A MELERUS, JOAN, FONDE Y RADOS. CADA UNO TENÍA SU HISTORIA.

Melerus era de Madrid como yo, y ya subía vídeos de rescates. De hecho, nos conocimos hablando en los comentarios de YouTube. Ni siquiera tenía Instagram al principio, fui yo quien le insistió para que se lo hiciera y así pudiéramos comunicarnos mejor. Conectamos desde el principio, nos

RESCATAR UN ANIMAL NO SOLO IMPLICA COGERLO DE LA CARRETERA, ES SENTIR QUE ESTÁS HACIENDO ALGO ÚTIL, QUE ESTÁS SALVANDO UNA VIDA.

entendíamos a la perfección porque habíamos vivido cosas parecidas, y cuando lo conocí sentí que había logrado tener por fin un hermano de aventuras.

Fonde era de Barcelona. También hacía vídeos, pero mezclaba más el mundo de las mascotas con la naturaleza; no me identificaba tanto con él, aunque me caía bien y era de los nuestros.

Joan, también catalán, no tenía canal en YouTube, pero sí un perfil en Instagram donde mostraba su pasión por los animales.

Y luego estaba Rados, el anfitrión. Un búlgaro que vivía en Alicante y que nos abrió las puertas al mundo del rescate. Él nos enseñó cómo hacerlo de verdad, ya que hasta ese momento nosotros solo lo habíamos visto en los vídeos de Miguel Alonso, que era todo un referente en aquel entonces. Tanto yo como mis amigos queríamos imitarlo, pero en Alicante lo vivimos en carne propia.

ESE VIAJE DE RESCATE FUE BRUTAL. ÍBAMOS CON NERVIOS, CON ILUSIÓN, CON LA CÁMARA EN LA MANO Y EL CORAZÓN ACELERADO.

Esa mezcla de adrenalina y responsabilidad me enganchó, como pocas cosas lo han hecho en mi vida. Y lo mejor es que todo quedó grabado, de modo que hoy en día sigo teniendo ese vídeo guardado para verlo siempre que quiera y rememorar aquella emocionante aventura.

Desde entonces, la amistad que compartía con Melerus se fortaleció y empezamos a hacer más viajes juntos. Recuerdo especialmente uno en Salamanca, en el que nos volvimos a juntar con Samuel. En esa ocasión buscamos anfibios, revisamos los efectos trampa, encontramos gallipatos, tritones e incluso intentamos coger una lechuza en una casa abandonada. Y, cuando llegó la noche, iluminados con linternas, descubrimos unas salamandras y otros anfibios que parecían sacados de otro planeta.

Apenas dos semanas más tarde, el 20 de diciembre, volví a salir con ellos; esta vez, la vida nos llevó de aventura a Murcia.

ALLÍ DESCUBRÍ POR PRIMERA VEZ LOS CAMALEONES ESPAÑOLES Y ME SUPUSO UN SHOCK: NO ME IMAGINABA QUE EN ESTE PAÍS HUBIERA ALGO TAN EXÓTICO. FUE COMO ABRIR UNA VENTANA A UN MUNDO NUEVO.

UN MECÁNICO EN EL MONTE

En muy poco tiempo, pasé de salir yo solo a levantar piedras en mi pueblo a recorrer España con un grupo de amigos que compartían la misma pasión. Descubrí que mi vida ya no sería igual, había encontrado un nuevo rumbo, una nueva forma de sentirme vivo.

Y todo empezó así: con un mecánico que un día decidió adentrarse en el monte.

CAMALEÓN ESPAÑOL

CAPÍTULO 2

LAS PRIMERAS SALIDAS DE BICHEO

LAS PRIMERAS SALIDAS DE BICHEO

En primero de Bachillerato yo era, oficialmente, un mal estudiante, y no porque no me gustara aprender, al contrario: me encantaba; el problema era que mi cabeza estaba en otro sitio.

Mientras mis compañeros atendían a fórmulas, fechas y explicaciones interminables, yo me pasaba las clases creando fichas de animales. Imprimía fotos de animales que encontraba en internet y las pegaba en un folio. Debajo, con mi mejor letra, escribía dónde vivía la especie, cómo se reproducía, qué curiosidades tenía. Y así fui elaborando mi propia enciclopedia personal de anfibios y reptiles de España.

Recuerdo perfectamente cuál fue mi primera ficha: la salamandra rabilarga. Estaba en la clase de Dibujo técnico, una asignatura que pronto abandoné, tras suspender varios exámenes. En lugar de hacer los ejercicios con escuadra y cartabón, yo estaba allí, embobado con un animal que me parecía mágico: unos ojos saltones y una cola larguísima, casi el doble de su cuerpo, y además podía soltar como una lagartija si se veía amenazada. Esa mezcla tan rara me atrapó de inmediato, hasta el punto de que me pasaba los recreos soñando con verla en libertad algún día.

Hice tantas fichas que ya era capaz de diferenciar entre especies parecidas y sabía reconocer anfibios y reptiles casi de memoria. Sin embargo, algo me rondaba la cabeza: necesitaba encontrar una salamandra rabilarga en libertad.

El viaje a Asturias

Pasaron los meses y en febrero de 2020, junto con un pequeño grupo de amigos bicheros, organizamos lo que sería mi primer gran viaje de bicheo. Esta vez no se trataba de rescates, sino que era búsqueda pura de animales. El equipo lo componíamos Melerus, Samuel, Alvalayu, Fonde y yo; la idea era clara: pasar unos días en Asturias buscando salamandras y, si teníamos suerte, alguna víbora cantábrica.

Salimos de Madrid alrededor de las doce de la noche. Un plan de locos: el viaje fue largo, pesado, y a esas horas el sueño nos golpeaba fuerte; para colmo, el que conducía, Melerus, iba cabeceando todo el rato y teníamos que darle conversación para que no se durmiera. De vez en cuando, el coche se escoraba y las ruedas tocaban esas líneas rugosas del arcén que hacen brrr, y todos pegábamos un bote por el susto. Hoy lo recuerdo con risas, pero en aquel momento había tensión en el aire.

Casi a las cuatro de la mañana nos plantamos en un pequeño pueblo asturiano. Y, en lugar de dormir como cualquier persona sensata, se nos ocurrió la brillante idea de saltar la valla de un parque enorme que estaba cerrado. Y ahí empezó la locura.

En cuanto pusimos un pie dentro, empezamos a verlas: salamandras por todas partes. Caminábamos con cuidado para no pisarlas, porque estaban en el suelo, en los muros, en la hierba húmeda…, era un auténtico festival. Nos quedamos flipando mientras iluminábamos con las linternas cada rincón del parque e íbamos viendo cómo aparecían decenas de esos animales que tanto nos apasionaban. De hecho, rescatamos varias que habían caído en las típicas trampillas de riego que esconden la llave de paso bajo tierra. Algunas estaban atrapadas ahí dentro y no podían salir; incluso había varias muy delgadas, raquíticas, al borde de la muerte, así que fuimos sacándolas una a una, devolviéndolas a la hierba húmeda, y aquello nos llenó de orgullo.

MENUDA SATISFACCIÓN, SALVAR A LOS ANIMALES QUE TANTO NOS GUSTABAN.

Pero, entre toda aquella multitud de salamandras comunes, ni rastro de la rabilarga, que era el animal que más ilusión me hacía ver, el que me había obsesionado en el instituto cuando hacía su ficha y recortaba las fotos, así que estuve alerta y no dejé ni un solo rincón sin revisar; movía la linterna una y otra vez con la esperanza de verla aparecer, pero esa noche me quedó muy claro que encontrarla no sería nada fácil.

Cuando por fin el cansancio pudo con nosotros, nos metimos a dormir en el coche. Cuatro chavales, con sacos de dormir bastante cutres en pleno invierno e intentando descansar sentados en los asientos, aparcados en pleno centro del pueblo. Y, para colmo, había una farola justo frente al coche que no dejó de alumbrarnos todo el rato. Un desastre total. Hoy lo recuerdo con humor, pero aquella noche fue mala de narices.

El refugio en Covadonga

Al día siguiente recogimos a Fonde, que venía en avión desde Barcelona, y seguimos nuestro plan: subir a los lagos de Covadonga. El lugar era impresionante: montañas enormes, algunas nevadas, niebla baja, el aire helado… Y en ese paisaje majestuoso divisamos lo que parecía un refugio perdido entre las montañas.

LA PEQUEÑA CASITA ESTABA EN MEDIO DEL VALLE Y DEBÍAMOS LLEGAR HASTA ALLÍ.

Al principio nos pareció pan comido, pero la realidad acabó por imponerse y fue muy distinta a como nos la habíamos imaginado. Alcanzar el refugio no resultó nada fácil: íbamos cargados hasta arriba con mochilas repletas de ropa, bolsas con comida, sacos de dormir a las espaldas… Cada paso costaba el doble y el camino parecía no terminar nunca. Cuando por fin nos plantamos frente a la puerta, descubrimos que era un refugio medio abandonado; dentro había literas rotas, una chimenea, las paredes estaban desconchadas y hacía un frío que te cagas.

Samuel y Fonde ataron sus hamacas en lo que quedaba de las literas. Los demás nos preparamos para dormir en el suelo, cerca del fuego. Recolectamos leña, encendimos la hoguera y, durante un rato, el frío quedó a un lado. Cenamos juntos, bromeamos y nos sentimos auténticos exploradores, a pesar de que lo único que teníamos era un saco barato y más ilusión que experiencia.

Después de cenar, cuando cualquiera en su sano juicio se habría metido en el saco a dormir, salimos de nuevo bajo la niebla para buscar anfibios. El frío nos calaba hasta los huesos, teníamos los pies empapados, las manos congeladas…, pero la emoción de encontrar bichos vencía cualquier incomodidad. Volvimos al refugio tarde y cansados, y nos dormimos de golpe.

No fue un sueño plácido; a mitad de la noche la hoguera se apagó y todos nos despertamos tiritando. Aun así, hubo un momento mágico que se me quedó grabado: antes de acostarnos, hicimos unas fotos nocturnas del cielo estrellado con la silueta del refugio iluminada. Aquella imagen lo decía todo: un grupo de chavales, en medio de la nada, siguiendo una pasión que nos unía.

Y así terminó mi primer gran viaje de bicheo: sin rabilarga, muertos de frío y de cansancio, pero con la sensación de haber vivido una aventura única. Sin saberlo, aquella aventura torpe y emocionante era solo el principio de muchas más. ¡Qué suerte!

CAPÍTULO 3

UN ERROR QUE PAGUÉ MUY CARO

UN ERROR QUE PAGUÉ MUY CARO

De entre todos los animales que busqué y coleccioné en las fichas elaboradas durante los años de instituto, siempre había uno que me llamaba más la atención que ningún otro: la víbora cantábrica. En España, las víboras son unos de los reptiles más deseados por naturalistas y aficionados, debido a su belleza, a que son escasas y, claro, a su peligrosidad. Y yo, con dieciocho años recién cumplidos, llevaba apenas cuatro días metido de lleno en esto de buscar animales cuando decidí lanzarme a la aventura de encontrar una de ellas. Tenía tantas ganas de ver este animal que era incapaz de no precipitarme. Encontrarme cara a cara con esa víbora se convirtió casi en una obsesión para mí.

Aquel verano de 2020 estuve en Asturias, en casa de mi primo, cerca de Mieres. Era la primera vez que recorría esa zona, así que aproveché cualquier hueco para escaparme a explorar y buscar animales, y, aunque a mi primo no le gustaba nada mi afición, me dejaba mi espacio. Yo salía cada mañana a levantar lonas, revisar muros de piedra y buscar cualquier especie entre la hierba. En una de esas excursiones incluso vi mi primer lución, un lagarto sin patas al que allí llaman «esculibierto» —no me preguntes por qué—.

Una mañana que tenía libre, después de ojear la zona en Google Maps, marqué una con pinta prometedora y decidí ir hasta allí. Caminé más de dos horas para llegar; la subida fue muy dura: una ladera empinadísima, llena de pinchos y zarzas que me dejaron las piernas destrozadas. Y justo arriba, al lado de una piedra enorme con un agujero, la vi: una víbora cantábrica tomando el sol. Me acerqué con todo el sigilo del mundo, como si fuera una operación de máxima precisión.

UN BICHO RARO

No llevaba guantes, tampoco una herramienta decente; solo un palo y un hierro desmontado de una percha, que me servía de gancho para las serpientes. Sí, un desastre. Me acerqué, pero la víbora empezó a buscar un escondite y la agarré por la cola. Por un instante pensé que la tenía controlada, pero de repente, en un arrebato de «yo controlo», intenté sujetarla por la cabeza —una manía que hasta ese momento me había salido bien con otras víboras—. Error. Se me resbaló entre los dedos y me mordió.

En ese instante ni siquiera me lo creía, mi cabeza se negaba a aceptar que me hubiera mordido. Me miré el dedo buscando la confirmación y al principio no vi nada. Sin embargo, al instante empezaron a aparecer dos puntitos alineados y rojos, la marca de los colmillos. Como buen cabezón que era, en vez de irme pitando de allí a buscar ayuda, me empeñé en terminar lo que había empezado. Cogí la víbora otra vez —esta vez sí, por la cabeza— y le hice una foto. Y justo después, como si la adrenalina se hubiera evaporado de golpe, me quedé quieto, mirando la pantalla del móvil sin procesar nada. Fue en ese momento cuando mi cuerpo entendió lo que la cabeza todavía negaba: que acababa de meter la pata hasta el fondo.

HOY LA VEO Y ME HIERVE LA SANGRE: LA AGARRÉ FATAL, ME PUSE EN PELIGRO. FUI UN COMPLETO IMBÉCIL.

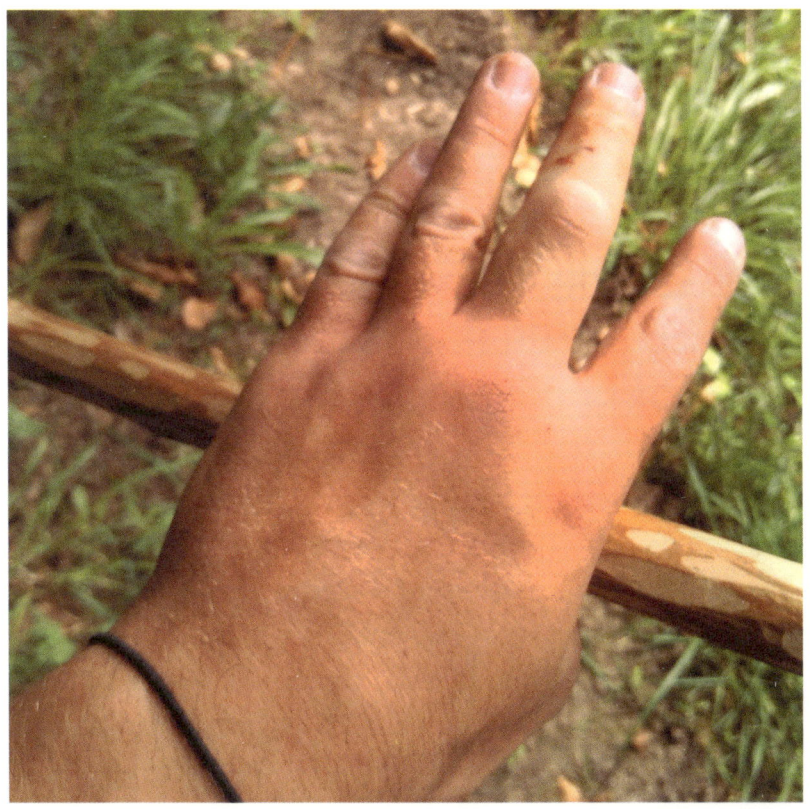

Después eché a correr ladera abajo, algo nada recomendable. Con cada zancada, el veneno se me extendía más rápido por el cuerpo, y además podía caerme en cualquier momento debido a los nervios, la adrenalina y ese terreno tan empinado. Llamé a mi primo para que viniera a buscarme, y a mi pobre madre para contárselo. Fue un momento horrible, de los peores de mi vida. Imaginar lo que puede sentir una madre en ese instante es durísimo, que tu hijo te llame diciendo que le ha mordido una serpiente venenosa y que puede morirse en cualquier instante…, y estando ella tan lejos sin poder hacer nada. No es algo que quiera repetir.

Cuando llegó mi primo, yo ya tenía la mano bastante hinchada, me ardía, me palpitaba, y estaba mareado; notaba calor por todo el cuerpo y, a medida que transcurrían los minutos, me costaba más respirar.

SUBÍ AL COCHE Y, MIENTRAS MI PRIMO CONDUCÍA RÁPIDO HACIA EL HOSPITAL, EMPECÉ A VOMITAR POR LA VENTANILLA COMO UN PERRO.

Una vez en el hospital, me tumbaron en una camilla y me pusieron una vía. Sudaba tanto que el esparadrapo que sujetaba la vía se despegaba todo el rato y la enfermera tuvo que acudir varias veces para fijarla de nuevo. La situación era muy preocupante: los labios inflamados, la voz ronca y la garganta cada vez más cerrada, así que los médicos decidieron trasladarme a un hospital que tenía más recursos, porque barajaban la posibilidad de hacerme una traqueotomía para que pudiese seguir respirando. Esto ya no era un juego.

El siguiente viaje fue en ambulancia. Recuerdo vómitos, mareos y a una enfermera que me intentaba calmar con mucha paciencia. Al llegar al hospital, me ingresaron en la UCI, donde se vigila de cerca a los pacientes más graves. Estar allí impresiona: te conectan a mil máquinas y monitores y te sientes de lo más ridículo y vulnerable, como un pez fuera del agua. En la UCI solo pensaba para mis adentros: «¿Cómo demonios he podido acabar aquí?».

Pasé dos días en cuidados intensivos. Me administraban calmantes por la vía y yo me dedicaba a mirar el cuentagotas

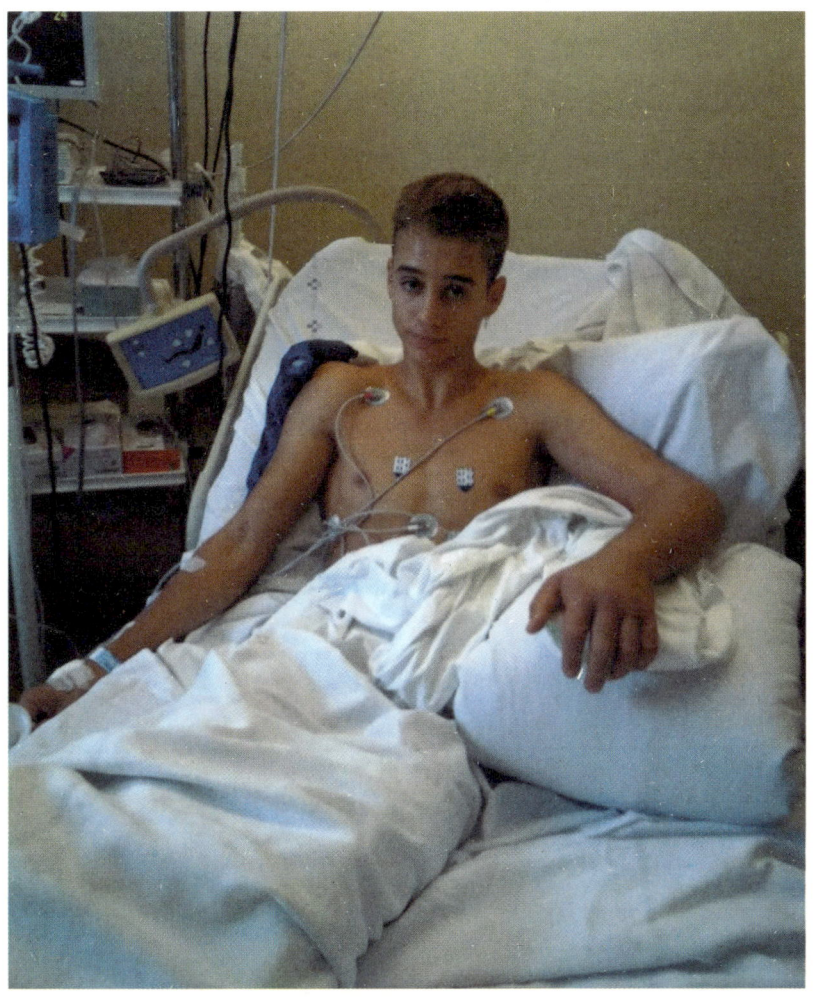

para saber cuándo se acabaría el alivio y volvería el dolor. Sin embargo, el brazo se me seguía hinchando y tenía que mantener la mano elevada y hacer ejercicios con un bolígrafo para favorecer el drenaje del veneno. La hinchazón se fue extendiendo: del dedo al antebrazo, al bíceps, al hombro… Terminé con un brazo como el de Popeye y el otro como un fideo chino.

SE SUPONÍA QUE EL BRAZO RECUPERARÍA SU FORMA HABITUAL, PERO SEGUÍA AUMENTANDO DE TAMAÑO, MÁS Y MÁS. Y, EN UN MOMENTO DADO, LA DOCTORA ME DIJO QUE EXISTÍA LA POSIBILIDAD DE QUE TUVIESEN QUE AMPUTÁRMELO.

En aquel momento casi me dio igual; asumía que era la consecuencia de lo que había hecho y confiaba en curarme. Es hoy, al recordarlo, cuando me doy cuenta de la barbaridad que era una amputación y del peligro real al que me expuse. Fui un inconsciente.

Los médicos sospechaban que podía tener el síndrome compartimental, es decir, que aumenta la presión dentro de un compartimento muscular e interrumpe el flujo sanguíneo a los tejidos, músculos, nervios… Y la única solución si la presión no remite es abrir o incluso amputar.

Por suerte, no llegó la sangre al río y al tercer día bajó la inflamación, por lo que me trasladaron a planta. Allí todo fue más llevadero: el dolor iba remitiendo, la hinchazón bajaba y finalmente pude comer algo tras varios días con suero; también volví a ducharme y pude ir al baño. Un detalle surrealista fue lo que me encontré debajo del esparadrapo de la vía: una garrapata. Sí, en el hospital y con garrapata incluida. Lo que me faltaba.

Sin embargo, mi gran alivio fue, sobre todo, recibir las visitas de mi madre con más calma y frecuencia. En la UCI apenas podía verla una hora al día, pero ahora la dejaban quedarse el tiempo que quisiera, y los ratos que estaba con ella eran los mejores del día. Uno de mis mayores miedos en este trabajo es volver a darle un susto así porque no se lo merece, ni yo me lo perdonaría.

Al quinto día me dieron el alta. Salí con un cabestrillo, mirando al cielo y agradecido de haber salido de esta. Volví al pueblo a descansar y a reflexionar.

Si tuviera que dejar un mensaje sobre lo vivido, sería este: el veneno se marchó de mi cuerpo, pero la lección se quedó para siempre, porque no fue la víbora la que casi me mata…, sino mi propia imprudencia.

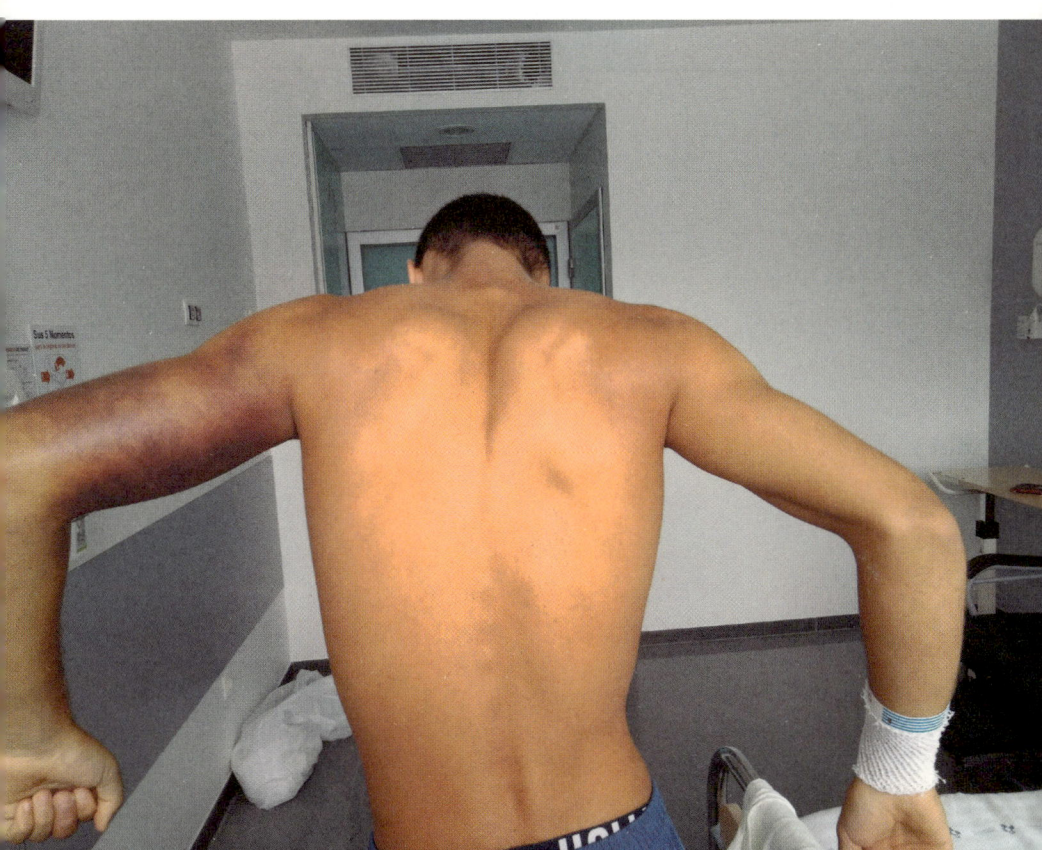

CAPÍTULO 4

ACCIDENTE EN ALICANTE

Alicante fue el primer sitio en el que empezamos a rescatar, por eso siempre le he tenido un cariño especial. Allí aprendí casi todo lo que sé sobre rescates, y también fue el lugar donde entendí que esta afición, aunque sea preciosa, puede resultar peligrosa.

Sé que nuestros vídeos han inspirado a mucha gente para comenzar a rescatar animales, lo cual me alegra porque significa que el mensaje ha calado; sin embargo, también tiene una parte menos bonita: cada vez hay más manos inexpertas encargándose de rescates peligrosos.

EL RESCATE DE UN ANIMAL ES UNA TAREA COMPLEJA QUE REQUIERE CONOCIMIENTOS Y CUIDADO.

De lo contrario, todo puede terminar mal, y, si no me crees, continúa leyendo…

Para que entiendas bien lo que viene a continuación, necesito que te hagas una idea de cómo es rescatar en Alicante: un lugar árido, con colinas cubiertas de arbustos bajos y caminos polvorientos que dificultan la visión. Con un clima duro y exigente: un sol implacable que cae a plomo, una humedad constante debido a la cercanía del mar y una sensación de bochorno que no te abandona.

Además, por todo el paisaje se encuentran las balsas de riego, repartidas como cicatrices artificiales en mitad del campo. Son grandes depósitos de agua excavados en la tierra, normalmente forrados con lonas de plástico negro o verde y con paredes lisas y resbaladizas, de modo que resulta imposible salir una vez que caes dentro. Desde fuera parecen inofensivas, pero por dentro son auténticas trampas mortales.

Muchos animales, desorientados por el calor y muertos de sed, se acercan a beber y acaban cayendo al agua sin escapatoria. Como imaginarás tras esta descripción, poner en marcha rescates en Alicante durante el verano resulta casi imposible: el calor es tan extremo que los animales atrapados en las balsas se cuecen vivos antes de que llegue alguien.

Te lo cuento porque puede que un rescatista inexperto desconozca estos datos y, por falta de información, ponga en peligro su propia vida y la de los animales durante el rescate. Son errores de principiante que pueden parecer poco importantes, pero, cuando hay vidas en juego, siempre existe el peligro y no debemos cometer imprudencias.

El top 3 de Alicante

En Alicante hay tres animales que, por alguna razón, parecen tener un máster en meterse en problemas. ¿A qué problemas me refiero? Pues bien, estos animales suelen caer en las balsas de riego de «efecto trampa», que son todos esos lugares donde vamos a rescatar. ¿Y quiénes son estos tres aventureros de los que hablo?: el lagarto bético, el sapo corredor y la culebra de escalera.

El **lagarto bético** (*Timon nevadensis*) es el rey indiscutible del sudeste. Es grande, musculoso y puede superar fácilmente los setenta centímetros. Además, gracias a sus largas patas y a su cuerpo robusto, corre como un rayo cuando decide escapar. Sin embargo, si no puede huir, se defiende: abre la boca, bufa y pega unos bocados de cuidado. No es agresivo

sin motivo, pero, cuando se siente acorralado, demuestra por qué es uno de los reptiles más impresionantes de la zona.

El **sapo corredor** (*Epidalea calamita*) es, sin duda, el superviviente de las balsas. A diferencia de otros sapos más

torpes, este tiene las patas largas y se desplaza casi «corriendo»; de ahí, su nombre. Aguanta condiciones extremas como pocos: calor, sequía y noches interminables sin agua. Cuando lo miras, con esos ojos enormes y su expresión amigable, parece que le dé igual absolutamente todo…, como si llevara media vida saliendo vivo de situaciones imposibles.

La **culebra de escalera** (*Zamenis scalaris*) es elegante, curiosa y tremendamente activa. Debe su nombre al dibujo oscuro que tiene en el dorso cuando es joven, que recuerda a los peldaños de una escalera. Es una gran trepadora, excelente cazadora y una exploradora nata: se mete en cualquier sitio que le llame la atención, desde muros de piedra hasta balsas de riego. Durante los rescates, también aparecen bastantes **culebras bastardas** o **de herradura**, pero la de escalera es, sin duda, la reina de Alicante porque es muy común encontrarla.

Además, en las balsas solemos encontrar muchos mamíferos, como conejos, zorros e incluso perros; por desgracia, la mayoría ya están muertos cuando llegamos. Los mamíferos aguantan mucho menos tiempo sin agua y sin comida que los reptiles, así que esas balsas, que para algunos animales suponen una trampa lenta y mortal, para los mamíferos suelen ser cosa de pocos días.

Hechos memorables

El animal más grande que he rescatado ha sido una culebra bastarda de casi metro noventa. Ver cómo se iba libre, después de tenerla entre las manos, se me grabó en la memoria, uno de esos momentos que no se olvidan.

El rescate que más me marcó ocurrió en diciembre de 2019. Samuel y yo íbamos en el coche de Melerus cuando, al borde de una carretera, encontramos cuatro perritos recién

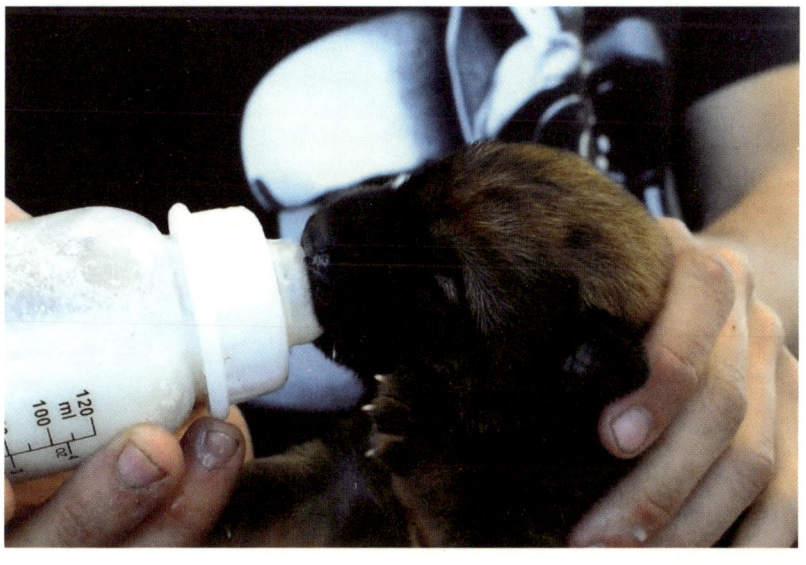

nacidos. Era imposible que una perra hubiera parido allí, así que alguien los había dejado tirados. Nos detuvimos, los recogimos, compramos leche y biberones y nos pasamos la noche cuidándolos hasta que, al día siguiente, conseguimos un adoptante gracias a las redes sociales. Ninguno de nosotros era famoso por aquel entonces y, aun así, ese día las redes sirvieron para algo bueno.

El animal que más ilusión me ha hecho rescatar fue un tejón: fuerte, curioso y con un carácter muy marcado. Para quien no lo sepa, el tejón es un mamífero nocturno de cuerpo robusto y hocico alargado que vive en madrigueras y rara vez se deja ver. Cuando lo encontramos, estaba muy deshidratado; le pusimos un cubo con agua y bebió delante de nosotros como si fuera un perro.

Los momentos más raros o divertidos casi siempre tienen que ver con el sitio en el que dormimos. He dormido al lado de cementerios, en chalets abandonados, en parques donde me ha llegado a despertar la policía —sin multa, solo sorpresa—, incluso bajo lluvias repentinas que nos han dejado empapados. Cada noche es una aventura. Y entre todas esas locuras hay una anécdota que siempre recordamos: después de días sin ducharnos, descubrimos que podíamos colarnos en el *spa* de algunos hoteles. Sí, así como lo lees. Buscábamos por internet un hotel con *spa*, entrábamos como si fuéramos clientes y disfrutábamos del agua caliente, los chorros y la sauna como si fuese lo más normal del mundo. Hablábamos con el personal y todo, y nunca nadie sospechó nada. A día de hoy, sigo sin entender cómo nos dejaron pasar tantas veces.

El accidente

Era un día de rescate como otro cualquiera y estábamos en Torrevieja. Hacía muchísimo calor y ya teníamos hambre, pero decidimos ir a revisar la última balsa. No podíamos llegar en coche hasta el lugar en el que se encontraba la balsa, así que dejamos el vehículo lejos, cruzamos a pie una carretera y atravesamos también un campo lleno de maleza.

A medio camino, Alvalayu, un buen amigo y compañero de rescates, gritó: «¡Bastarda, bastarda, bastarda!». Y una culebra bastarda y enorme se cruzó frente a nosotros. No pudimos atraparla porque la maleza era demasiado espesa, pero ver algo así nos aceleró el pulso. En esas zonas abundan las ratas —el alimento principal de estas serpientes—, así que no era raro encontrar serpientes de ese tamaño.

Caminamos un rato más hasta una balsa, y al llegar yo bajé primero. Una vez fuera, entre el calor insoportable y el olor a suciedad, encontramos un lagarto bético enorme que se había quedado atrapado. Fueron momentos de tensión, pero, por suerte, finalmente lo rescatamos.

SABÍA QUE ESE ANIMAL LO ESTABA PASANDO MAL AHÍ DEBAJO, ASÍ QUE QUISE ABRIRLE UNA SALIDA.

Podrás pensar que esta es una historia con final feliz, pero… no tan deprisa. Tras el rescate, enseguida noté que algo se movía bajo la lona. La balsa tenía varios agujeros, y algún animal se había colado por uno de ellos. Y, claro, la lona, bajo el sol de junio, estaba ardiendo.

UN BICHO RARO

No tenía cuchillo ni herramienta, solo las manos, así que les pedí a los compañeros algo que cortara. Arriba estaban Melerus y Jabicho, y se les ocurrió romper una botella de cristal y lanzarme el cuello con el borde afilado. Inocente de mí, lo usé. Empecé a rajar la lona y, de repente, crack: el cristal se partió y me rajó el dedo índice de la mano derecha: el corte era profundo, limpio y brutal. Instintivamente, me agarré la mano del corte con la otra, intentando tapar la herida. Melerus bajó corriendo y me pidió que se la enseñara. Cuando abrí la mano, se me veía el hueso. «¡Al hospital!», gritó.

Salí de la balsa como pude. Notaba el calor, el mareo, la sangre…, y sentía que me iba a desmayar, pero seguí caminando hacia el coche; sabía que estaba a bastante distancia, por eso tenía que controlar la situación más que nunca. Llegué a la carretera justo cuando la vista se me empezó a nublar y me tiré al suelo. Lo siguiente que recuerdo es a mis compañeros abanicándome con un cartón. Melerus fue a por el coche y me llevaron a Urgencias en Torrevieja.

Me dieron seis puntos en el dedo, pero, de nuevo, esta historia todavía no tiene un final feliz: resulta que me había seccionado un nervio. No sentía la mitad del dedo, y, como supondrás, me preocupaba, y mucho. Podía moverlo, pero si me tocaba la yema era como tocar algo muerto, no notaría la quemadura si tocase algo ardiendo, lo cual podría resultar verdaderamente peligroso. Como estaba lejos de casa, me cerraron la herida y me recomendaron ir a mi médico en Toledo para que me operase; un mes después me intervinieron para reconstruir el nervio. Para que te hagas una idea, sucedió el 22 de junio de 2023 y hoy, aunque no tengo toda la sensibilidad, he recuperado algo de tacto. No volverá a ser como antes, pero puedo usar el dedo con normalidad.

Por eso antes te comentaba que un rescate sin conocimientos técnicos y sin las herramientas debidas puede ser letal. Yo, por suerte, estoy aquí para contarlo, pero podría haber perdido el dedo, la mano o algo peor. Y eso que iba acompañado y entre todos reuníamos los conocimientos suficientes; imagínate que no fuese el caso… Así que, como se suele decir, ¡no intentes esto en casa!

A pesar del susto, es de justicia decir que Alicante me ha dado algunos de los rescates más bonitos de mi vida, y también la cicatriz que me recuerda que no es un juego. A menudo, los accidentes no son culpa de los animales, sino de uno mismo. Y aquel día aprendí que, por mucho que ames salvar vidas, si no te proteges, puedes acabar siendo tú quien necesite ser rescatado.

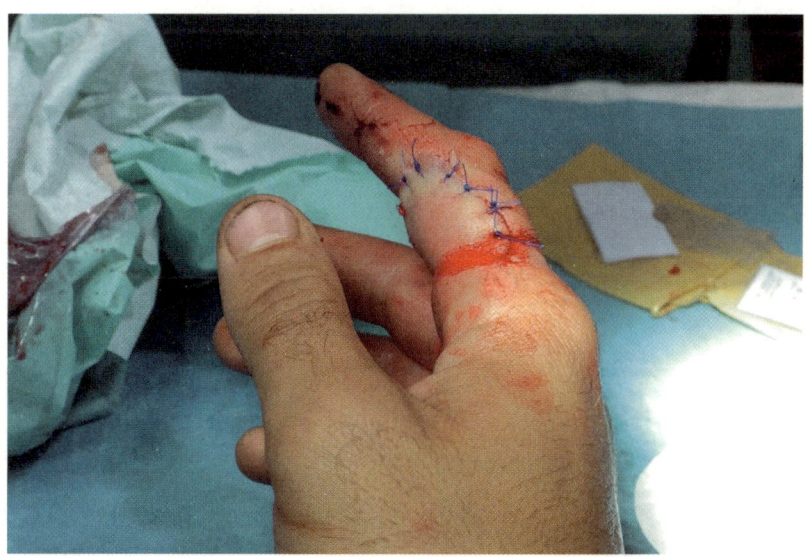

CAPÍTULO 5

RESCATES EN GRANADA

RESCATES EN GRANADA

Granada fue una de las paradas que llegaron a mi vida casi por casualidad. Iba allí de vez en cuando para visitar a mi pareja, que estaba estudiando en la ciudad, y aprovechaba esos fines de semana para hacer lo que más me gusta: rescatar animales.

No conocía a nadie que rescatara en esa zona. En Alicante y Murcia sí que era habitual encontrarse a alguien salvando animales en las balsas de riego, pero en Granada nada. Allí apenas se hablaba de rescates, y eso me picaba la curiosidad, ya que también había muchas balsas de riego en Granada y el terreno parecía ideal para rescatar, por lo que no entendía por qué nadie revisaba esas balsas, que —como contaba en el capítulo anterior— se convierten en auténticas trampas porque están forradas con lonas de plástico lisas y resbaladizas: cualquier animal que cae dentro puede beber, sí, pero luego no tiene forma de salir. Pensé que quizá habría menos fauna y que por ese motivo no existía una preocupación real de que hubiese animales en peligro. Sin embargo, no las tenía todas conmigo y solo había una forma de comprobarlo.

Así que un día, mientras preparaba uno de mis viajes a Granada, escribí por Instagram a Mario, un chico que vivía cerca de allí y que también se dedicaba a rescatar animales. Nos habíamos comunicado alguna vez por teléfono, pero nunca habíamos hablado en persona, y durante esa conversación me propuso que fuésemos juntos un sábado a explorar nuevas zonas; no lo dudé ni un segundo.

Yo solía salir de Madrid los viernes por la tarde, justo después de clase, con el coche cargado de utensilios y herramientas para rescatar: botas, guantes, cuerda, navaja, linternas… Para costearme el viaje, ponía un anuncio en BlaBlaCar: así no iba solo, conocía a gente interesante y me ahorraba la gasolina. Llegaba a Granada de noche, dormía en casa de mi pareja y madrugaba al día siguiente para salir a hacer el rescate del día.

Aquella mañana de enero de 2024 me levanté con la emoción de un crío. A las ocho ya estaba en marcha con Mario, rumbo a una zona nueva para mí y llena de balsas de riego perdidas entre las colinas.

AQUELLO ERA PRECIOSO Y YO ESTABA LLENO DE ADRENALINA.

El paisaje de Granada es distinto al de Alicante: más montañoso, silencioso, con caminos de tierra que se pierden entre olivos y monte bajo. Pasamos el día de balsa en balsa, revisando una a una esas trampas silenciosas, y la mayoría estaban vacías de vida. Cráneos por todas partes: de conejo, de zorro…, señales de que allí casi nadie rescataba. La frustración pesaba cada vez más con el paso de las horas. Y, entre tanta nada, solo un par de lagartos ocelados a los que pudimos rescatar con cuidado, unos animales imponentes con colores verdes y amarillos llenos de ocelos azules. Son reptiles fuertes, territoriales y no se dejan intimidar fácilmente, así que cada rescate requería calma y buena mano. No era demasiado para tantas horas, y justo por eso continuamos, porque a veces lo importante aparece cuando ya piensas en irte.

En los trayectos en coche entre balsa y balsa, Mario y yo hablábamos de todo: de cómo nos iniciamos en el rescate, de las veces que casi nos caímos dentro de una balsa, de los animales que más miedo nos habían dado...

A VECES LOS RESCATES SON ASÍ: LARGAS HORAS DE CAMINO, RISAS TONTAS Y UN SILENCIO CÓMODO CUANDO EL CANSANCIO APRIETA.

Aquel día, el silencio se mezclaba con la frustración. No encontrábamos nada, pero a veces hay que aguantar y seguir buscando aunque parezca inútil. Porque un efecto trampa no siempre se cobra una vida rápidamente, a veces sucede despacio, y llegar tarde también forma parte del oficio.

Ya al final de la tarde, con el cuerpo reventado y el frío empezando a calarnos, dijimos el clásico «Venga, la última y nos vamos». Y resultó que encontramos una balsa justo encima de una montaña a la que no se podía llegar en coche. Aparcamos abajo y debíamos subir andando una cuesta empinadísima, llena de zarzas, maleza y piedras sueltas; no había camino, solo campo. No parecía sencillo llegar, así que, tras unos minutos en silencio, nos miramos y Mario preguntó:

—¿Subimos?

—Venga, va. La última y nos vamos. No vaya a ser que en esta sí haya algo y nos quedemos sin saberlo —le dije.

El terreno era escarpado y la subida fue dura. No habíamos parado en todo el día, las piernas ya no tiraban, pero algo dentro de mí me decía que arriba había algo. No me equivocaba.

UN BICHO RARO

Cuando por fin llegamos y me asomé a la balsa, se me hizo un nudo en el estómago: dentro había un perro pequeño, tipo bodeguero —blanco con manchas negras y marrones— agotado y hambriento. Se notaba que llevaba días allí.

Bajamos a la balsa sin pensarlo, pero con cuidado. El perro se movía despacio, asustado, y no se dejaba coger. Sabía que un animal en estado de shock puede morder y, además, no teníamos ni idea de si estaba vacunado, así que nos ganamos su confianza poco a poco: nos acercábamos en diagonal, sin gestos bruscos, hablándole con suavidad. Al cabo de unos minutos, el perro se calmó un poco y pude acariciarlo sin que quisiese atacarme. Estuve unos minutos tranquilo a su lado, ganándome su confianza; después, con mucho cuidado, le pasamos una cuerda a modo de correa y lo ayudamos a subir. Cuando por fin estuvimos fuera, el alivio fue enorme. El perro temblaba, estaba cubierto de barro…, pero vivo.

Llamamos a la policía local para que vinieran a recogerlo y se hicieran cargo, aunque no lo entendieron bien y enviaron a los bomberos para que rescataran al perro. Cuando llegaron, ya teníamos al perro a salvo; aun así, nos ofrecieron su ayuda. Uno de ellos llevaba el lector de microchips, pero, por desgracia, no tenía chip. En estos casos —nos explicaron— debía responsabilizarse de él el alcalde del municipio, así que allí, en mitad del monte, lo llamaron, le explicaron el caso y se llevaron al perro para entregárselo personalmente. Me quedé mirando cómo se lo llevaban y sentí una mezcla de orgullo y pena; orgullo porque habíamos llegado justo a tiempo y pena porque nunca supe qué fue de él. Ojalá aquel bodeguero encontrara un hogar y una segunda oportunidad.

RESCATES EN GRANADA

Cuando descendimos la montaña, ya anochecía. Íbamos llenos de arañazos y barro, con las manos frías y el corazón caliente. ¡Menuda aventura!

Esa noche, al regresar a casa en el coche, pensé que muchas veces el esfuerzo merece la pena justo cuando parece que estás perdiendo el tiempo. Granada me enseñó que los rescates no siempre son fáciles ni cómodos, y también que no salen a la primera: hay que subir cuestas imposibles, meterse en zarzas y pelear con el cansancio y la incertidumbre. Y, a veces, una simple decisión —«La última balsa y nos vamos»— puede cambiar el destino de una vida.

CAPÍTULO 6

CUANDO ME LLEVÉ A ROSAURA A LOS RESCATES

CUANDO ME LLEVÉ A ROSAURA A LOS RESCATES

Rosaura siempre ha estado en mi vida, aunque nunca la quise demasiado. Rosaura es una muñeca antigua, de esas grandes, de plástico duro, con ojos de pestañas largas que parpadean y una sonrisa de pocos amigos. Siempre ha estado en el salón de la casa de mi pueblo, en Aguilar de Tera. La muñeca era de mi tía Luci, y de pequeños nos daba mucho miedo. Mi tía, además, disfrutaba vacilándonos y dándonos sustos con ella, y nosotros salíamos corriendo; yo solo quería que la tirara a la basura, pero nunca lo hizo. Con los años, Rosaura, olvidada en una esquina del salón, observaba en silencio y seguía dando mal rollo, pero al final uno se acostumbra.

En el verano de 2024 empecé a pasar bastante tiempo solo en casa y —no sé si por soledad o aburrimiento— comencé a verle la gracia a Rosaura, me hacía reír. A veces le hablaba cuando no había nadie: «¿Qué pasa, Rosaura?», «¿Cómo va el día?»; le decía tonterías así para no pasarme todo el día callado. Y un día, sin pensarlo demasiado, me dije: «Pues me la voy a llevar a rescatar, ¿por qué no?; además, seguro que a la gente le gusta».

Y así empezó todo.

De Zamora a Almería con una muñeca en brazos

Era agosto de 2024 y había quedado con Javi, Mario y Cristian en Madrid para ir a rescatar a Almería. Hasta aquí todo parece normal, una más de entre mis muchas historias de rescates, pero lo que mis amigos no sabían era que pensaba llevarme a Rosaura conmigo. No tenía coche, así que fui desde Benavente en autobús hasta Madrid; para no dar el cante, metí a Rosaura en el maletero, pero antes grabé algunas tomas para subirlas a las redes: la muñeca sentada en el suelo, apoyada en el asiento, viendo el paisaje a través de la ventana. La gente me miraba como si hubiera perdido la cabeza, y con razón.

Al llegar a Madrid, me tocó coger el metro hasta la casa de Javi, y, claro, en el metro ya se acabó de liar del todo. Yo llevaba a Rosaura en brazos, como si fuera una niña pequeña, y la gente no podía evitar mirarme. Algunos se reían, otros cuchicheaban, y alguno me soltó: «¡Vaya hija más guapa tienes!» mientras yo me partía de risa.

En un momento me senté en el suelo del vagón porque no había sitio, y la puse a mi lado, sentada.

LA GENTE ME MIRABA COMO SI FUERA UN LOCO ESCAPADO DEL MANICOMIO, PERO A MÍ ME DABA IGUAL. ROSAURA YA FORMABA PARTE DEL VIAJE.

CUANDO ME LLEVÉ A ROSAURA A LOS RESCATES

Esa misma noche salimos todos juntos rumbo a Almería. Condujimos durante horas, atravesando carreteras oscuras y desiertas, con Rosaura en medio del asiento trasero como si fuera un pasajero más. Llegamos de madrugada, dormimos un poco y, al día siguiente, temprano, empezamos los rescates.

Almería: calor, polvo y rescates
Javi, Mario, Cristian y yo salimos bien temprano rumbo a Almería, donde habíamos quedado con más gente.

En Almería, los rescates no solo son en balsas de riego, sino que también hay aljibes, unos pozos antiguos que servían para almacenar agua y a los que caen muchísimos animales. En esa zona el calor aprieta, los bichos buscan refugio o agua donde no deben y acaban accidentados.

Empezamos el rescate temprano y con toda la ilusión. Las primeras balsas estaban vacías o, peor, llenas de cráneos de conejos, de zorros…, una señal de que muchos habían caído allí sin que nadie los rescatara. En una de las balsas incluso encontramos una tortuga muerta, seca como una piedra, y nos quedamos todos callados unos segundos, pues la parte triste de lo que hacemos es llegar tarde. La frustración pesaba, aunque, por suerte, sacamos de las balsas un par de lagartos béticos y eso nos animó un poco.

En otra balsa, Alcotán —un chico de Almería con el que habíamos quedado para rescatar— encontró un escorpión amarillo, un *Buthus occitanus*. No se le ocurrió otra cosa que cogerlo con la mano. De repente oímos un grito: le había picado en el hombro; vete tú a saber qué estaría haciendo.

Por suerte, no fue grave, pero le dolió bastante; aun así, no se quejó demasiado, seguramente sabía que se lo había ganado.

Tras este incidente que podría haber acabado en tragedia, llegó una de las sorpresas más bonitas del viaje: en una de las balsas encontramos varias tortugas moras, que son de tierra y están bastante amenazadas en la península ibérica. Verlas allí, mientras intentaban subir por la lona y resbalaban una y otra vez, nos dio una pena enorme.

SON UNOS ANIMALES SUPERTIERNOS Y QUE GUSTAN A TODO EL MUNDO, ASÍ QUE RESCATARLAS Y PONERLAS A SALVO FUERA DE LA BALSA, DONDE PUDIERAN SEGUIR SU CAMINO SIN PELIGRO, FUE MUY BONITO.

Un poco más adelante, mientras íbamos en el coche hacia otra zona, de repente Mario gritó: «¡Ostras, ostras! ¡Una tortuga!». Paramos en seco, salimos del coche corriendo y allí estaba, cruzando la carretera a paso lento. La cogimos con cuidado y la pusimos a salvo fuera del asfalto para que no la atropellaran. Fue uno de esos momentos preciosos que te alegran el día. ¡Menudo broche final para un día de rescates!

Y, como siempre suele suceder en mis historias, todavía había más: a mediodía, el calor se volvió insoportable. Llevábamos horas caminando por polvo, piedras y monte seco cuando, de repente, encontramos una balsa con un agua azul turquesa que parecía sacada de Ibiza, no de Almería. Nos miramos todos, muertos de calor, y, sin pensarlo dos

veces, nos metimos en el agua. No lo olvidaré jamás: todos juntos allí, nadando entre risas. Nos quedamos un buen rato en el agua, más de media hora, y durante un rato olvidamos el cansancio y el calor.

Y, mientras tanto, Rosaura seguía en la orilla, sentada y muy atenta, como si nos vigilara impasible, con su cara de siempre, como si nada la sorprendiera ya.

El control de la Guardia Civil

Al día siguiente madrugamos para aprovechar la mañana antes de volver a Madrid. A eso de las diez, mientras íbamos por una carretera larga y recta, Javi, que conducía, me dijo: «Tío, no puedo más, me encuentro fatal. Conduce tú un rato». Paramos en el arcén y nos cambiamos. Volví a la carretera con calma cuando, de la nada, vi salir a un hombre de entre unos arbustos con el brazo levantado.

—¡Alto, Guardia Civil!

Me aparté a la derecha, bajé la ventanilla, y el guardia se acercó con seriedad.

—Control de alcohol y drogas. ¿Ha bebido usted algo? —me preguntó.

—¿A las diez de la mañana? No, claro que no —respondí yo con cara de extrañeza.

Y el guardia, sin pelos en la lengua, va y me suelta:

—¿Cree usted que se acostaría con su mujer a las diez de la mañana?

—Pues… a lo mejor.

—Pues un borracho también bebería. Así que, venga, sople.

CUANDO ME LLEVÉ A ROSAURA A LOS RESCATES

Me quedé tieso. No me esperaba esa reacción y, mientras soplaba, empecé a ver la escena desde fuera: el coche lleno de mochilas y basura, y la muñeca Rosaura sentada en medio del asiento trasero, mirando fijamente al guardia civil.

Mis compañeros empezaron a descojonarse. Javi, que estaba medio enfermo, no podía parar de reír. Mario y Cristian bromeaban con el guardia:

—¿Le gusta nuestra muñeca, agente?

El hombre se rio y dijo:

—Mira que he visto cosas raras en mi trabajo, pero una muñeca así de guapa y que se llame Rosaura nunca...

Por suerte, todo quedó en una anécdota, ya que di 0,0 en la prueba de alcoholemia. Salimos de allí muertos de risa, con Rosaura presidiendo el coche como si fuera la jefa de la expedición. Lo que no nos pase a nosotros...

65

El pinchazo y la huida

Sin embargo, la mañana no había terminado y el golpe de buena suerte no duró para siempre. Javi seguía muy cansado y sin fuerzas, así que paramos en un centro médico. Era uno de esos ambulatorios pequeños, de pueblo, con las paredes blancas y el olor inconfundible a desinfectante que te entra directo al cerebro nada más cruzar la puerta.

Después de revisarlo, la enfermera salió con una jeringuilla enorme; la llevaba preparada, con el líquido ya cargado, y la sostuvo en alto como si fuera lo más normal del mundo. «Te tengo que pinchar», le dijo con total normalidad. Javi la miró, vio la aguja y, durante un segundo eterno, no dijo nada; ni una queja, ni una excusa, simplemente abrió mucho los ojos, como si acabara de entender algo importantísimo.

Y, de repente, se levantó y salió corriendo por la puerta.

Nos quedamos todos mirándonos, sin reaccionar, con la escena todavía congelada en la cabeza. La enfermera tardó un par de segundos en entender lo que acababa de ocurrir; dirigió la vista hacia la puerta, luego hacia nosotros y preguntó, muy seria: «¿Ese chico… vuelve?». Nadie supo qué contestar. Afuera, a lo lejos, vimos a Javi alejándose a paso ligero por la acera, como si la jeringuilla lo persiguiera. Nunca volvió.

Aquel fin de semana fue una locura: muñecas, escorpiones, tortugas moras, baños turquesa, Guardia Civil y una huida del médico incluida. Todo en dos días. Rosaura, mientras tanto, seguía mirándome desde el asiento, con esa sonrisa suya de no entender nada. Al final, ese viaje no iba solo de rescatar animales: también de rescatar momentos. Momentos de los que nunca se olvidan.

CAPÍTULO 7

CRUISING EN MURCIA

No sé si alguna vez has oído hablar del *cruising*. El término suena exótico, casi aventurero, y, aunque no tiene nada que ver con los animales, a nosotros nos ha regalado más de una historia digna de contar.

El *cruising*, para quien no lo sepa, es una forma de encuentro social que tiene lugar en zonas apartadas —bosques, descampados o aparcamientos— donde algunos hombres acuden de manera discreta para conocer a otros, charlar o simplemente sentirse acompañados, lejos de miradas y etiquetas. En Murcia, especialmente en Cotocuadros, hay varios lugares conocidos por este tipo de ambiente.

Sí, vale, sé que te estás preguntando: «Tony, ¿se te ha ido la olla o qué? ¿A qué viene ahora esto del *cruising*?». Pues verás, nosotros solemos viajar mucho y, al terminar los rescates, buscamos un sitio tranquilo y silencioso para dormir, donde no molestar a nadie… y, cuando lo encontramos, pensábamos que estábamos en el paraíso. Hasta que nos dimos cuenta de que era un sitio con otro tipo de ambiente nocturno.

Así fue como nuestros caminos y los del *cruising* se cruzaron por primera vez, casi sin querer.

Primera anécdota: la linterna indiscreta (2023 o 2024, he preferido olvidarlo)
Aquel día veníamos de una jornada larguísima de rescates. Estábamos agotados; habíamos empezado en Alicante y terminado en Murcia, explorando nuevas zonas. Necesitábamos descansar y alguien propuso dormir por Cotocuadros, una zona de pinares amplia y tranquila, perfecta —en teoría— para pasar la noche.

UN BICHO RARO

Íbamos todos en un mismo coche: Javi, Fonde, alguno más del grupo que ahora ni recuerdo y yo. Buscábamos un rincón donde aparcar y montar la tienda de campaña. Todo parecía normal hasta que empezamos a notar cosas raras.

Primero vimos un coche con alguien dentro, quieto. Luego otro, con la puerta abierta y un hombre sentado mirando al vacío. Más allá, alguien caminaba sin rumbo entre los pinos. No era peligroso, pero sí extraño; había algo en el ambiente que no cuadraba. Fonde señaló hacia una parte del pinar más escondida y dijo: «Por allí parece que está más tranquilo, podemos quedarnos en ese lado». Yo iba delante con la linterna y alguien del grupo —no diré quién— apuntó hacia los árboles con el haz de luz, y entonces…

Silencio.

Un segundo de desconcierto.

Y, después, una carcajada general.

HABÍAMOS ILUMINADO, SIN QUERER, A DOS PERSONAS EN MITAD DE UN MOMENTO MUY ÍNTIMO, UNO DE ESOS EN QUE CLARAMENTE NO SE ESPERA PÚBLICO.

No hacía falta preguntar más; en ese instante entendimos perfectamente dónde nos habíamos metido.

Nos reímos un buen rato. Era imposible creer algo tan inesperado y absurdo. Apagamos las linternas, dimos media vuelta y salimos del lugar a la misma velocidad con la que habíamos llegado. Esa noche dormimos en otro sitio, lejos de los pinos y de Cotocuadros. Y menos mal que fue así.

Segunda anécdota: el regreso a Cotocuadros (2025)

Dos años después, la vida me llevó de nuevo a Murcia y, curiosamente, otra vez a Cotocuadros. Sí, no aprendo, vuelvo a tropezar con la misma piedra, pero ¿qué le voy a hacer…? Tiene su punto divertido, ¿no?

Ese verano conocí a Dylan Salvaje, un chico que hacía vídeos de naturaleza por todo el mundo. Quería venir a España para grabar rescates con nosotros y aprender cómo trabajábamos, así que estuvimos varios días rescatando animales por Alicante y Murcia.

Una noche, mientras Javi, Dylan y yo cenábamos, salió el tema de Cotocuadros. Javi y yo recordamos la anécdota y empezamos a contarla entre risas. Dylan, que no había oído hablar del tema, se quedó con cara de no entender nada. Se lo explicamos por encima, sin entrar en detalles, y puso una expresión de sorpresa brutal.

—¡Tenemos que ir a verlo! —dijo.

Yo me llevé las manos a la cabeza.

—¿Estás loco?

Pero ya era tarde. La decisión estaba tomada.

Aquella noche, antes de irnos a dormir, Dylan insistió en acercarse para grabar un vídeo. Quería hacer una especie de experimento: entrar con su cámara, fingir que buscaba animales y ver cómo reaccionaba la gente. Todo desde la curiosidad y el respeto.

También se apuntaron dos amigos suyos que hacían *parkour*, y fuimos todos al famoso aparcamiento de Cotocuadros. Javi y yo íbamos muertos de risa; no nos podíamos creer que estuviéramos volviendo allí.

UN BICHO RARO

El ambiente era el mismo de siempre: coches aparcados, luces apagadas, sombras moviéndose entre los pinos. Dimos un par de vueltas y un coche empezó a seguirnos lentamente. Dylan, emocionado, dijo: «¡Para, para, que quiero hablar con él!».

El coche se acercó y sus ocupantes bajaron la ventanilla. Dylan saludó con naturalidad, como quien rompe el hielo en cualquier sitio desconocido. Yo estaba en el asiento trasero, llorando de risa y sin poder mirar. La situación se volvió tan surrealista que acabó en una huida general entre sonrisas, nervios y carcajadas. Dylan volvió corriendo, con los ojos como platos. «¡Vámonos, vámonos! —gritaba—. ¡Esto es demasiado real!».

A partir de ahí, la broma se transformó en curiosidad. Nos picó la idea de entender por qué la gente iba a ese sitio, así que fuimos a hablar con un hombre que andaba por allí. Él llevaba años frecuentando la zona y nos explicó que antes estos lugares eran más comunes, que ahora habían perdido fuerza con las aplicaciones para ligar, pero que para algunos seguían siendo un espacio donde sentirse libres, sin juicios ni etiquetas. Nos sorprendió.

NO ERA LO QUE IMAGINÁBAMOS. NO HABÍA MORBO NI PELIGRO, SOLO PERSONAS DISTINTAS BUSCANDO COMPAÑÍA A SU MANERA.

CRUISING EN MURCIA

Al final, cada uno va al campo por lo que necesita: unos, a rescatar animales; otros, a encontrar conversación, compañía o un rato de desconexión. Y todos, de una forma u otra, acabamos buscando lo mismo: sentirnos libres, aunque sea por unas horas.

CAPÍTULO 8

RESCATES EN MARRUECOS

Cuando llevas años buscando animales por toda España, llega un momento en el que sientes que necesitas ir un paso más allá, y no porque te canses, sino porque es difícil saciar la curiosidad, que siempre pide más. A los dieciocho o diecinueve años ya había recorrido casi todo el país, había visto casi todo lo que se podía ver y, cuando ya conoces cada rincón de tu tierra, el cuerpo te pide cruzar fronteras. ¿Cómo iba a desobedecer una curiosidad tan grande? Me pregunté qué territorio era el más cercano, más salvaje y también lo más loco posible. Pronto encontré la respuesta: Marruecos. Un lugar donde hay cobras, víboras y varanos, unos animales que de niño solo ves en los documentales y que de repente tienes la posibilidad de encontrar con tus propios ojos.

Así que viajamos al sur del país —no en barco, sino volando directamente desde Madrid—, porque allí, entre las montañas y el desierto, es donde están los animales más interesantes.

Nada más conocerlo, Marruecos se convirtió en una especie de santuario para mí.

ERA UN SITIO DONDE PODÍA DESCONECTAR DE TODO LO DEMÁS Y DEDICARME A LO QUE MÁS ME GUSTA DURANTE SIETE DÍAS SEGUIDOS: RESCATAR ANIMALES, DESCUBRIR LUGARES NUEVOS Y COMPARTIRLO CON LOS AMIGOS; ERA UNA MEZCLA ENTRE TRABAJO, AVENTURA Y VACACIONES BARATAS.

UN BICHO RARO

Comer te costaba tres o cuatro euros, dormías en hoteles humildes, pero a veces poco limpios, y al final del día, después de estar bajo el sol, acababas sentado en mitad de la nada, mirando las estrellas y riéndote con tus compañeros.

Aquellos viajes eran como vivir una vida paralela —lejos del ruido de España— en la que solo existían las carreteras infinitas, los animales y el desierto. Para mí, Marruecos es un país con alma, allí la gente es realmente hospitalaria, amable, cercana y con un corazón enorme; es un gusto pasear por sus calles y conocer su cultura. Para que te hagas una idea de la hospitalidad y del clima, puedo contarte que una vez se nos pinchó una rueda en las afueras de un pueblo a más de 35 °C en la calle, y, antes de que llegáramos a bajarnos, ya había tres hombres acercándose para ayudarnos, sin esperar nada a cambio. En Marruecos te invitan a té, te sonríen sin conocerte, y lo hacen con una naturalidad que descoloca. Hasta me han llegado a invitar a comer a sus casas personas

tan humildes que no tenían ni un móvil ni apenas muebles, ni siquiera una casa en condiciones. Y, aun así, me ofrecían lo poco que tenían.

Este choque cultural te hace pensar, ya que en España hay gente con dinero que no te ofrece ni un vaso de agua, mientras que allí, en mitad de la nada, te dan lo que tienen desinteresadamente.

Una vez, esa generosidad me salvó. Estábamos rescatando una culebra de herradura que había caído dentro de un pozo con el agua de un color verde radiactivo. Daba un asco que flipas, pero no podía dejarla morir ahí. Para rescatarla, tuve que descolgarme con una cuerda y caer a unos dos o tres metros de profundidad; dentro del pozo no hacía pie, así que nadé como pude hasta la serpiente. La cogí y la metí en una bolsa que até a la cuerda para que mis compañeros la subieran.

Cuando me volvieron a bajar la cuerda para que saliese del pozo, yo ya estaba algo cansado de nadar y de la tensión

del esfuerzo. Era una cuerda de nudos, y tenía que trepar poco a poco, agarrando cada nudo con fuerza. Cada vez que levantaba una mano para avanzar, me costaba el doble; las manos me resbalaban, los brazos me temblaban y el último tramo se me hizo eterno. Cuando llegué al último nudo, intenté levantar el brazo para apoyarme en el cemento y salir, pero ya no me quedaban fuerzas.

En ese momento, dos marroquíes que llevaban un rato mirando cómo rescatábamos se dieron cuenta de que estaba en apuros y se acercaron corriendo. Me cogieron del brazo y me levantaron como unos campeones. Me abrazaron, se rieron y siguieron su camino. Ni un reproche ni una palabra de orgullo, solo humanidad.

Esta escena, que podría haber acabado muy mal, me marcó mucho. Si sucede en España, quien te ha salvado la vida te diría que eres tonto por haberte metido ahí. Pero ellos no. Les daba igual por qué estaba dentro; sabían que había algún motivo y simplemente me ayudaron.

Cinco minutos solo en Marruecos
De todos los viajes a Marruecos, solo he tenido una mala experiencia. Una. Y esa vez sí que lo pasé realmente mal.

Conducíamos de noche por la carretera y llegamos a una ciudad. Teníamos mucha hambre, así que paramos a cenar antes de ir al hotel. Como allí suelen tardar bastante en servir la comida, dejamos el pedido hecho y salimos a dar una vuelta mientras esperábamos. Yo iba con cuatro amigos que había llevado al viaje y, además, tres compañeros míos estaban por la zona.

La ciudad era un caos. Había tráfico por todas partes, bo-cinas, luces, gente caminando en todas direcciones; el aire olía a gasolina y a comida callejera. En un momento dado, me llamó mi padre; me aparté un poco para hablar con él, y mis amigos me hicieron el gesto de que giraban a la derecha, hacia una calle llena de tiendas. Les dije que se adelantaran ellos, que yo iría enseguida. Y seguí hablando por teléfono mientras caminaba por la rotonda tan tranquilo hasta que, de repente, se me acercó un grupo de chavales. Tendrían entre trece y diecisiete años; me hablaban, me preguntaban cosas, se reían. Yo intentaba seguir hablando con mi padre, pero empezaban a agobiarme, así que le dije: «Papá, te llamo después, que tengo mucho jaleo», y colgué. Los chavales continuaban ahí, atosigándome, pidiéndome cosas, intentando tocar mi móvil. Uno de ellos insistía mucho en que le comprara una navaja suiza y le dije que no, que no la quería, que ya tenía una. Pero él no lo entendía, me repetía que se la comprara, que era buena. Yo le repetía que no, que me dejara en paz.

ENTONCES, MOVIÓ RÁPIDAMENTE EL BRAZO HACIA MÍ Y ME PUSO LA NAVAJA EN LAS COSTILLAS.

Me dijo algo en árabe que no entendí. Y ahí reaccioné: le di un empujón fuerte y me aparté. Él retrocedió sorprendido y sus amigos se quedaron paralizados, sin saber qué hacer. Yo me fui andando sin mirar atrás, con la sangre helada.

No creo que el chaval quisiera hacerme daño de verdad. Imagino que se le fue la cabeza, que quiso hacerse el valiente delante de sus amigos. Sin embargo, en ese segundo en el que notas el metal en las costillas, piensas de todo.

Esa fue la única vez que sentí miedo de verdad. Y también la única vez que Marruecos me mostró su cara más imprevisible.

Noche en el límite

La historia más loca la vivimos mucho más al sur, junto al Sáhara Occidental, en el Parque Nacional de Khenifiss.

Allí queríamos buscar una serpiente muy especial: la víbora de arena (*Cerastes vipera*), una especie que se entierra bajo el suelo del desierto y espera a sus presas oculta, completamente camuflada. Uno de esos animales que quieres ver desde que eres un niño.

Llegar hasta allí fue una odisea. El parque está a más de ocho horas del aeropuerto, y, entre pista y pista, se te va el día entero conduciendo. Cuando llegamos al pueblo más cercano —una pequeña localidad pesquera con algunas casas, bares y restaurantes—, estábamos ya reventados. Cenamos pescado —porque allí solo hay pescado, ni rastro de carne— y planeamos salir esa misma noche a buscar la víbora.

Mientras preparábamos las linternas, uno del grupo preguntó:

—Oye, ¿no decían que por la noche estaba prohibido entrar en el parque?

Yo le respondí:

—¿Prohibido? Pues será por las serpientes. Pero, si hay que ir, se va.

Nos reímos, trazamos un plan rápido y salimos. Aparcaríamos el coche lejos, apagaríamos las luces y entraríamos a pie. El punto donde queríamos buscar era un valle entre dos dunas, así que, una vez dentro, estaríamos cubiertos y nadie podría vernos desde arriba.

Todo iba según el plan descrito. Sin embargo, cuando ya llevábamos casi dos horas buscando con las linternas, un fogonazo de luz nos cegó por un instante. Pensamos que sería un faro o algún reflejo, pero no.

A LOS POCOS SEGUNDOS, APARECIERON DOS SILUETAS EN LA DUNA, DOS MILITARES, CON PERROS Y CON LAS METRALLETAS AL HOMBRO.

De repente sentimos que se nos paró completamente el corazón. Estábamos en mitad del desierto, rodeados de dunas, con el coche aparcado a más de un kilómetro de distancia, sin cobertura, sin nadie alrededor. Eran más de las dos de la madrugada y de pronto teníamos frente a nosotros a

dos militares gritándonos en árabe y apuntándonos con linternas en la oscuridad.

Nos quedamos helados. Ellos bajaron la duna, nos rodearon y empezamos a gritar: «We are looking for snakes! Snakes!». Uno de ellos se rio, el otro no tanto. Nos pidieron los pasaportes, los revisaron, hablaron por radio y fotografiaron nuestros documentos. Por suerte, fueron amables. Nos acompañaron al coche, nos dijeron que no podíamos estar allí y se fueron.

Nosotros nos quedamos mirándonos, todavía con la adrenalina por las nubes.

No vimos a la víbora de arena, pero esa noche dormimos con la sensación de haber vivido una auténtica película.

Marruecos, el país que te enseña sin hablar

He viajado muchas veces a Marruecos, y cada una ha sido diferente.

He tenido momentos de miedo, de risa y de calma.

He sido rescatado por dos hombres desconocidos, casi apuñalado por un chaval confundido y apuntado por militares con metralletas.

No me arrepiento de nada, todas esas experiencias me han enseñado algo.

Marruecos no es solo un país donde buscar animales. Es un espejo de tus propios límites, tus prejuicios y tus miedos.

Allí aprendí que la aventura no está solo en el peligro, sino en las personas, que la amabilidad no entiende de dinero y que incluso cuando no encuentras la víbora, el viaje ya ha merecido la pena.

CAPÍTULO 9

DOS LOCOS Y UNA HOGUERA

DOS LOCOS Y UNA HOGUERA

Esta historia tuvo lugar en enero de 2025. España vivía una de las olas de frío más fuertes de los últimos años. Las noticias hablaban de temperaturas bajo cero en casi todo el país, de heladas históricas y de pueblos completamente congelados. Vamos, uno de esos inviernos que te hacen preguntarte qué demonios haces saliendo de casa.

Y yo, en medio de aquel caos, en lugar de quedarme calentito en casa, quería hacer algo distinto: vivir una experiencia de las que te hacen sentir vivo; pasar una noche al aire libre, en pleno invierno, cuando lo sensato sería no hacerlo. Tenía claro el destino: la sierra de Francia —al sur de Salamanca—, un entorno salvaje y precioso que no perdona errores, donde la naturaleza se impone y el silencio pesa.

Y también tenía claro con quién quería hacerlo: Samuel. Con él empecé a salir al campo en busca de animales hacia el 2018 y, siete años después, seguíamos igual de colgados por la naturaleza. Samuel vivía en la zona y además tenía la casa libre, así que el plan encajaba a la perfección.

Cogí un autobús hasta Salamanca —mi coche estaba en el taller, cómo no—, donde me recogió Samuel. Esa noche descansamos en su casa, preparamos el equipo y lo dejamos todo listo para la aventura. La mañana siguiente amaneció soleada pero gélida, el aire te cortaba la cara nada más salir a la calle. Aun así, el día prometía. Metimos las mochilas en el coche y salimos para allá.

Sin embargo, con Samuel nunca nada es del todo normal. Cuando ya estábamos arrancando, me mira de repente y suelta:

—¡Anda, el wifi!

Yo me quedé mirándolo sin entenderlo.

—¿Qué wifi?

—El de casa, tío. Tengo que subir a desenchufarlo.

Y ya estaba abriendo la puerta del coche.

—¿Cómo que «desenchufarlo»? —le dije—. ¿Pero tú estás bien?

—Esos cables son los que más incendios provocan, no me puedo ir y dejarlo puesto.

Yo, entre risas, le grité:

—¡Tío, estás fatal! ¡Sube rápido, que llegamos tarde!

Así es Samuel: un tío raro, muy raro, que se bajó del coche tan tranquilo y subió corriendo a casa para desenchufar el rúter «por seguridad». Tiene sus manías, pero es un tío de los que valen la pena.

EL CAMINO HASTA LA SIERRA FUE ESPECTACULAR: CARRETERAS ESTRECHAS QUE SERPENTEABAN ENTRE MONTAÑAS, BOSQUES DE PINOS ALTÍSIMOS Y EL SOL FILTRÁNDOSE ENTRE LAS RAMAS.

Incluso vimos un zorro cruzando la carretera. Es uno de esos trayectos que ya te ponen en «modo aventura» antes de llegar.

Antes de subir a la montaña paramos en un supermercado para comprar provisiones: chistorras, panceta, pan y una pequeña parrilla portátil. El plan era sencillo: subir andando unos kilómetros hasta un lago escondido, montar el campamento y pasar la noche allí, a ver qué pasaba. La caminata fue corta, una hora o poco más, pero con el suelo helado y las botas crujiendo a cada paso. Cuando el bosque se abrió, apareció el lago: tranquilo, rodeado de pinos y reflejando el cielo como un espejo. Impresionaba bastante más de lo que esperábamos.

Elegimos una explanada soleada cerca del agua para acampar. El sol ya bajaba y sabíamos que había que darse prisa. Samuel fue a por leña y un palo grande que serviría como soporte, y yo me encargué de montar el refugio y preparar el círculo de piedras para la hoguera. Cavamos un pequeño agujero, clavamos el palo y extendimos la lona por encima, tensándola con las piquetas; le puse piedras alrededor para que no entrara el aire, habíamos formado una estructura fea y cutre, pero también funcional.

Cuando el sol empezó a caer, el termómetro ya marcaba 2 °C. Colgamos el medidor de una rama y nos reímos. «Esto va a ser divertido», dije, aunque ninguno de los dos se lo creía del todo. Encendimos la hoguera. Samuel había traído un pedernal, pero al final usamos un mechero. Aun así, costó que prendiera; cuando lo logramos, fue un alivio. La temperatura ya rozaba los 0 °C a las seis de la tarde, y el fuego nos devolvió un poco la vida. Montamos una barbacoa en miniatura: chistorra, panceta y pan sobre las brasas. Entre el humo, las risas y la luna llena, por un rato se nos olvidó el frío.

EL CIELO ESTABA DESPEJADO, LLENO DE ESTRELLAS, Y EL REFLEJO DE LA LUNA SOBRE EL LAGO NOS DEJÓ CALLADOS.

Pero la magia dura lo que dura. A las ocho de la tarde ya estábamos a –6 °C y la leña empezaba a escasear, así que nos metimos en el refugio. Samuel llevaba dos sacos de dormir, uno dentro del otro, y yo mi viejo saco de plumas, el de las grandes ocasiones. Colgamos un termómetro dentro: fuera la temperatura rondaba los –10 °C; dentro, unos –5 °C. Nuestros alientos formaban vapor y el techo del tarp empezaba a cubrirse de escarcha.

A eso de las once sentí el peor enemigo de cualquier campista en invierno: ganas de mear. «No puede ser, tío», murmuré. Salir del saco era condenarse, pero no quedaba otra. Saqué un pie y el frío me atravesó entero. Salí, hice lo que necesitaba y casi se me congela el pito. Volví tiritando al saco. Samuel, medio dormido, me dijo: «No pienses en el frío…, que todavía nos queda mucha noche».

Fue una noche larga, muy larga, una de esas que se hacen pesadas. Estábamos bien preparados; yo, dentro de mi saco, cómodo y caliente, escuchaba cómo el viento rozaba la lona y se perdía entre los pinos.

EL SILENCIO ERA CASI ABSOLUTO, SOLO ROTO POR ALGUNA RACHA Y POR EL CRUJIDO LEJANO DE LA MADERA DE ALGÚN PINO.

Los termómetros llegaron a marcar los –11 °C, pero allí dentro, protegidos y tranquilos, la noche pasó con calma. Samuel se movió alguna vez —iba menos preparado que yo—, pero sin agobios. No fue una noche de sufrir, sino una noche de estar.

UN BICHO RARO

Al amanecer, todo estaba congelado. Samuel tenía escarcha en el pelo, los sacos estaban rígidos y la lona blanca. Una de las botellas de agua era puro hielo. El primer rayo de sol fue un milagro; nos levantamos entumecidos y nos pusimos al sol como dos lagartijas. Ver cómo el refugio se descongelaba poco a poco era hipnótico y, también, un alivio enorme.

Lo recogimos todo sin dejar rastro, y, antes de irnos, Samuel dijo:

—Tío, ¿te das cuenta de que hemos dormido a –11 °C?

—Sí —le respondí—, y lo peor es que lo volvería a hacer.

—¿Te das cuenta de que somos dos locos?

—Sí, pero al menos tenemos una buena historia que contar.

Mientras bajábamos por el sendero, pensé que no hace falta irse al fin del mundo para vivir algo grande.

A VECES BASTA CON UN AMIGO, UNA HOGUERA Y UN POCO DE LOCURA PARA RECORDAR POR QUÉ AMAMOS TANTO LA NATURALEZA.

CAPÍTULO 10

ARENA Y ESTRELLAS: UNA NOCHE EN EL DESIERTO

ARENA Y ESTRELLAS: UNA NOCHE EN EL DESIERTO

Volvamos a Dakhla, una ciudad situada en el Sáhara Occidental, territorio actualmente ocupado por Marruecos y cerca de la frontera con Mauritania. Allí, el desierto se encuentra con el océano Atlántico y el viento nunca deja de soplar. Samuel y yo estuvimos varias veces en Marruecos, pero aquello era otra historia: un lugar remoto, distinto a todo lo que habíamos visto antes.

No se parecía a ninguna ciudad de España, ni siquiera a otras marroquíes. Era un sitio en plena expansión, medio construido, lleno de polvo y con excavadoras por todas partes. Aun así, tenía algo especial, una mezcla de calma y desorden que hacía de aquel lugar un paisaje único.

El aeropuerto era minúsculo, el más pequeño que he pisado en mi vida; simplemente, una terminal blanca y un cartel oxidado en el que ponía «Dakhla Airport». Al bajar del avión, el aire seco nos golpeó la cara. No había oficinas de alquiler de coches ni mostradores turísticos, así que tuvimos que contactar por WhatsApp con un hombre que habíamos encontrado en un vídeo de TikTok. Por suerte, nos esperaba fuera del aeropuerto con nuestro nuevo coche: un Dacia Duster cubierto de polvo.

Pagamos en efectivo, sin contrato ni seguro, y arrancamos rumbo a la aventura. La idea era clara desde el principio: pasar una noche en el desierto, en mitad de la nada, junto a una hoguera y bajo las estrellas, como tantas veces habíamos hecho en otros lugares, pero ahora acamparíamos en uno de los entornos más extremos que habíamos pisado.

Primero quisimos conocer un poco la ciudad, así que recorrimos sus calles llenas de gente, los mercados pequeños y las mezquitas. La gente nos miraba con curiosidad porque no era un sitio turístico. Visitamos la iglesia de Nuestra Señora del Carmen, una reliquia construida durante la época del dominio español —cuando la ciudad se llamaba Villa Cisneros en vez de Dakhla— y que todavía sigue en pie.

—¿Te imaginas cómo sería esto en aquella época?

—Igual de polvoriento —me respondió Samuel, riéndose.

Después de esa pequeña visita, nos fuimos a dar una vuelta por las afueras de la ciudad. Y, como no podía ser de otra manera en mis aventuras, ahí encontramos una escena surrealista: a pocos kilómetros del centro, entre dunas y polvo, aparecieron varios resorts de lujo altísimos, con piscinas infinitas y enormes jardines. El contraste era brutal: dando unos pocos pasos pasabas de la pobreza extrema al mayor lujo que había visto en la vida. Y, claro, me picó la curiosidad por ver cómo eran esos hotelazos por dentro.

No teníamos ni un duro —ya lo supondrás—, pero algo me decía que había que intentarlo, y, parafraseando a un buen amigo: «Si no le echas cara, no conseguirás nada». Así que, por primera vez en la vida, decidí hacer algo con todo el morro del mundo. Aparcamos el coche sobre la arena y nos acercamos al resort. Allí nadie hablaba español ni inglés, solo francés, así que entendernos con el personal del hotel se complicaba bastante. Justo cuando nos íbamos a dar por vencidos, como caída del cielo apareció una chica que sabía unas pocas palabras de español y nos hizo de traductora; le expliqué que grabábamos vídeos de naturaleza y aventuras, y que nos gustaría enseñar su hotel en nuestras redes. Al principio no lo entendían mucho, pero nos escuchaban con atención y, tras un rato, la jefa nos aceptó y nos propuso alojarnos allí una noche, con desayuno y cena incluidos.

Nos quedamos tiesos. Así como lo lees. Dos tíos sin un duro, viajando por el Sáhara, acababan de conseguir dormir en un resort de lujo solo por enseñar lo que hacían. Y, por supuesto, íbamos a aprovechar la oportunidad al máximo.

UN BICHO RARO

Esa noche dormimos en un bungalow con piscina, al lado del mar. Estábamos en el paraíso por haberle echado cara. Cenamos de lujo, con velas, una comida deliciosa y muchas risas. Nos mirábamos de vez en cuando como diciendo: «¿Tú eres consciente de dónde estamos ahora mismo?».

A la mañana siguiente nos levantamos temprano y emprendimos la segunda parte del viaje: dormir en el desierto. El contraste no podía ser mayor, ya que pasaríamos de un colchón blando y una ducha caliente a una duna en mitad de la nada.

Salimos de Dakhla hacia el sur, rumbo a Auserd, una base militar en mitad del desierto. Condujimos durante cuatro horas por una carretera recta, infinita, sin curvas ni árboles, y donde el horizonte se mostraba tan plano que parecía que el cielo se apoyaba directamente sobre la arena.

Lo único que rompió la monotonía fue un grupo de dromedarios cruzando la carretera. Paramos para hacer fotos y contemplar el paisaje bajo un aire cargado de arena, y aquello parecía un horno. A Samuel y a mí nos daba la risa, pero intentábamos no abrir la boca para no comernos medio desierto.

POCO DESPUÉS APARECIÓ ALGO QUE NOS CORTÓ LA RESPIRACIÓN: UN CARTEL OXIDADO CON UNA CALAVERA Y EL TEXTO «PELIGRO. ZONA DE MINAS».

El Sáhara Occidental fue un territorio administrado por España hasta 1975, como parte del África Occidental Española. Dakhla —antes Villa Cisneros— era entonces una de

sus ciudades más importantes. Cuando España se retiró del Sáhara Occidental, Marruecos y Mauritania se disputaron el control del territorio. Mauritania abandonó al poco tiempo y Marruecos lo ocupó por completo, y, desde entonces, el pueblo saharaui, liderado por el Frente Polisario, lucha por su independencia. Hoy en día, la ONU lo considera un territorio no autónomo pendiente de descolonización, aunque Marruecos lo controla militarmente.

Cuando llegamos a Auserd, una patrulla militar nos paró y nos pidió los pasaportes. Nos escoltaron hasta un pequeño edificio blanco y dijeron que no podíamos estar allí. Y nos retuvieron un rato hasta que finalmente nos dejaron marchar.

Sin comida y con pocas provisiones, dimos media vuelta. Avanzamos en el coche y nos metimos por una pista de arena, ignorando las señales de peligro. El viento era cada vez más fuerte y la sensación de soledad absoluta lo hacía todo más intenso. A veces el coche se hundía en la arena y, por momentos, pensé que nos quedábamos allí para siempre.

Finalmente encontramos una pequeña zona de dunas con dos árboles solitarios. Aparcamos el coche y caminamos hasta una colina. Samuel y yo nos miramos: habíamos encontrado el sitio perfecto. Formamos un muro de piedras para protegernos del viento, aunque la arena seguía colándose por todas partes.

—¡Esto es peor que dormir a once grados bajo cero! —le grité a Samuel.

—¡Por lo menos allí no se te metía la arena en los calzoncillos! —contestó él.

Da igual el país o las circunstancias: Samuel y yo siempre acabamos riéndonos, aunque tengamos arena hasta en las pestañas.

Cuando conseguimos encender la hoguera, preparamos un poco de carne y cenamos mirando el cielo más estrellado que he visto nunca. Mientras comíamos en silencio, pensé que esa sensación —estar ahí, sin cobertura, sin prisas, sin nadie alrededor— era muy parecida a la que siento durante los rescates: todo se reduce a lo esencial y solo importa lo que tienes delante.

El viento no nos dio tregua y dormir era complicado. Nos metimos papel en los oídos para que no nos entrara arena, cerramos los ojos intentando ignorar el golpeteo constante contra el cuerpo. A ratos se oían pasos o crujidos en la oscuridad, probablemente zorros del desierto, y, aunque sabíamos que no nos harían nada, la tensión estaba ahí.

Al amanecer, el sol apareció como una explosión en el horizonte, todo el desierto se volvió dorado. Las dunas brillaban y, de pronto, el viento cesó. Reinaba un silencio absoluto. Recogimos despacio, sacamos la arena de los sacos, sacudimos la ropa y nos miramos con cara de cansancio y satisfacción.

ESTÁBAMOS INCÓMODOS, SUCIOS Y AGOTADOS, PERO FELICES. ESA SENSACIÓN LA RECONOZCO BIEN: ES LA MISMA QUE APARECE DESPUÉS DE UN RESCATE DURO, CUANDO SABES QUE HA MERECIDO LA PENA, AUNQUE EL CUERPO DIGA LO CONTRARIO.

Sabíamos que si nos quedábamos mucho más rato nos moriríamos de calor, así que volvimos al coche y regresamos a Dakhla, donde alquilamos un pequeño apartamento por 20 euros. No era ninguna mansión, pero después de dormir en el suelo del desierto nos supo a gloria. Una ducha caliente, una cama blanda y silencio… No hacía falta nada más.

Esa noche, mientras veía el atardecer desde la ventana, pensé que en tan solo dos días habíamos pasado de dormir en un resort de lujo a acampar en una zona de minas. Y entendí que, al final, todo esto —los viajes, el desierto y los rescates— nace del mismo sitio: de la necesidad de vivir cosas reales, de sentir que estás allí donde debes. Entonces comprendí que no importa el lugar donde duermes, sino la historia que te llevas contigo. Y aquella historia, sin duda, era una de las mejores.

CAPÍTULO 11

TRES SITIOS EN LOS QUE NO SE DEBERÍA DORMIR

TRES SITIOS EN LOS QUE NO SE DEBERÍA DORMIR

Hemos llegado al capítulo 11, así que me atrevería a decir que ya me conoces bastante. Sabes que no le tengo miedo al riesgo, aunque siempre intento ir bien informado y equipado para evitar sustos; sabes también que sentir adrenalina es una de mis pasiones y, como supondrás y ya has ido viendo, esa búsqueda constante de aventuras me ha llevado a meterme en líos bastante gordos. Incluso, más de una vez, a dormir donde no tocaba: en un desierto que no perdona, bajo un techo que goteaba como una cueva o en una cumbre helada donde el viento parecía hablar en otro idioma.

Y te voy a ser sincero: yo no busco dormir mal, lo que pasa es que, cuando eliges vivir «un rato más» o «una última cosa», muchas veces la cama se convierte en un problema del Toni del futuro.

Este capítulo va de esas noches en las que uno aprende más de lo que descansa. Noches incómodas, largas y absurdas que ahora recuerdo como anécdotas, pero que en el momento me hicieron pasarlo mal de verdad. Sigue leyendo, que te las cuento.

La jaima maldita: una noche horrible en Marruecos

Llevábamos cuatro o cinco días de expedición por Marruecos y, como recompensa, decidimos darnos un lujo: dormir en un hotel en mitad del desierto. No era un hotel cualquiera, sino un castillo enorme, con una gran puerta como las de las películas. Uno de esos sitios que, de lejos, te hacen pensar: «Vale, hoy dormimos como reyes».

Al entrar, nos recibió un señor francés encantador, acompañado de un perro que movía la cola como loco. En el patio, a modo de tótem, estaba expuesto el esqueleto de una ballena. Como el mar quedaba cerca, supusimos que la habían encontrado varada en la orilla y la habían colocado allí como homenaje.

Esa noche tocaba dormir en una jaima, la tienda tradicional de los pueblos nómadas del norte de África. Las paredes eran de lona gruesa y el suelo estaba cubierto de alfombras; sobre ellas, cinco colchones alineados uno junto a otro.

Estábamos cansadísimos, así que nos metimos pronto en la cama con la intención de descansar, pero, para variar, la vida tenía otros planes para nosotros.

Primero oímos un zumbido leve, luego otro… Y, de repente, una nube de mosquitos invadió la jaima. Hicimos murallas con toallas, nos echamos litros de repelente e intentamos

dormir tapados hasta las orejas, pero había otro problema: el calor. Imagínate, estábamos en pleno verano, en el centro de Marruecos, y solo teníamos dos opciones: asarnos vivos o ser acribillados por los mosquitos. Ninguna era demasiado tentadora, la verdad. Y ese sonido en la oreja —un tssssss interminable— es de lo más desesperante que existe. Estábamos al límite, era como dormir dentro de una olla… con cientos de mosquitos en su interior.

Yo intenté dormirme momificado en una sábana, dejando solo una pequeña rendija en la nariz para respirar. Sin embargo, transcurrían los minutos, las horas, y era incapaz de pegar ojo. Aquello era horroroso y me entraron ganas de reírme por no llorar.

PASARON HORAS ANTES DE QUE ME DURMIERA DE PURO AGOTAMIENTO, ¡MENOS MAL!

A las siete de la mañana, con los primeros rayos de sol, recogimos lo más rápido posible y nos fuimos pitando de allí. ¡Vaya nochecita! Salimos con la moral por los suelos y con más ojeras que un oso panda.

La verdad es que habría preferido dormir en cualquier otro sitio: en el coche, en el suelo, sobre la arena…, donde fuera. En cualquier lugar habría estado más a gusto que allí, pegando manotazos y oyendo ese zumbido infernal toda la noche.

Por suerte, noches como esa siempre dejan una moraleja: a veces el lujo no está en el lugar, sino en poder cerrar los ojos sin tener que pelear por el sueño.

UN BICHO RARO

Goteras, relámpagos y un saco empapado en Alicante
Estábamos en Alicante, después de una jornada larga y ago-
tadora de rescates. El polvo, el cansancio y el silencio del
final del día nos habían traído, por fin, algo de paz. Sin embargo, al caer la tarde, el cielo oscurecía lentamente y el aire
comenzó a soplar con fuerza. Las nubes avanzaban deprisa y
todo indicaba que se nos venía encima una buena tormenta.

**YO MIRABA EL CIELO Y PENSABA: «COMO CAIGA...,
ESTAMOS BIEN JODIDOS». PERO, CLARO, CUANDO
ESTÁS REVENTADO, EL CEREBRO HACE CUENTAS RARAS
Y SIEMPRE GANA EL «BAH, NO SERÁ PARA TANTO».**

Era muy tarde y teníamos sueño, así que optamos por encontrar algún sitio abandonado donde pasar la noche. Otra
vez de aventura, tenemos un imán para estas cosas. Tras un
rato de búsqueda, dimos con nuestra única alternativa con
techo: un campo de tiro abandonado en el que ya habíamos dormido en otras ocasiones, aunque nunca con lluvia.
Era una nave estrecha de hormigón, alargada, con huecos
abiertos hacia la zona de disparo. Estábamos resguardados,
pero había un problema claro: si el viento cambiaba, la lluvia
entraría de lado. Aun así, nos arriesgamos. Preparamos los
sacos, las esterillas, cenamos algo y nos fuimos a dormir bastante tranquilos, sin saber lo que nos esperaba.

Durante un rato, todo estuvo en calma, con el canto de
los grillos y algún trueno lejano que resonaba a lo lejos. Nos
sentamos a hablar sin prisa, riéndonos de cualquier tontería

y repasando la jornada de rescates como hacen siempre los que han pasado demasiadas horas juntos en el campo. Estábamos convencidos de que habíamos elegido bien el sitio y de que, si finalmente llovía, al menos tendríamos un techo.

Cuando por fin pude pegar ojo —lo cual, créeme, no fue tarea fácil—, me cayó una gota en la mejilla. Luego otra en la frente. Abrí los ojos y vi en el techo una gotera que me daba justo en la cara. A mis pies se había formado un charco enorme junto al saco. Afuera, relámpagos, truenos y el viento empujando la lluvia dentro de nuestro pequeño refugio. Me cambié de sitio, escurrí el saco como pude y recé para que no apareciera una nueva gotera justo encima. Otra vez… ¡Vaya nochecita!

FUE UNA NOCHE LARGA, DE ESAS QUE NO TE ROMPEN, PERO TE DESGASTAN POCO A POCO. NO SENTÍ LA DESESPERACIÓN ELÉCTRICA QUE HABÍA SENTIDO EN LA JAIMA CON LOS MOSQUITOS, SIN EMBARGO, ME DEJÓ UNA ENSEÑANZA IGUAL DE VALIOSA: A VECES EL DESCANSO NO ESTÁ EN EL CUERPO, SINO EN SABER QUE, PASE LO QUE PASE, AL AMANECER TODO SIGUE EN PIE.

Sobre el hielo en la sierra de Madrid

Esta aventura nos sucedió en diciembre de 2024 y nunca la olvidaré. El día en que fuimos allí, la sierra de Madrid estaba irreconocible: un paisaje blanco, inmenso, de esos que im-

ponen respeto. Llevaba días nevando y Casaux, un amigo y guía de montaña, tuvo la brillante idea de subir hasta un pico y pasar allí la noche. Y yo acepté, claro.

El ascenso fue muy duro, ya que el terreno estaba cubierto de nieve blanda y, debajo, se escondían placas de hielo traicioneras. Llevábamos raquetas, pero, aun así, cada paso era una pelea. A media subida ya teníamos los guantes empapados, las manos dormidas y el viento nos golpeaba con rachas que nos hacían perder el equilibrio.

Tardamos todo el día en llegar a la cima, pero, cuando lo logramos, el paisaje lo compensó: un mar de montañas nevadas hasta donde alcanzaba la vista y el sol descendiendo despacio tras las cumbres. Una auténtica maravilla.

Para dormir, buscamos un pequeño hueco entre rocas, lo justo para protegernos del viento. Extendimos las esterillas sobre el hielo y preparamos algo caliente con el hornillo; después de todo un día de subida, aquella sopa nos supo a gloria. En esos momentos me acuerdo siempre de lo fácil que resulta ser feliz: calor en las manos y algo caliente en el estómago.

Parecía que había llegado la tregua, pero, como siempre ocurre cuando salgo de aventura, en cuanto el sol empezó a esconderse, todo se torció y el frío se volvió salvaje. Nos sentíamos como si el aire quisiera arrancarnos la piel y dudamos si aguantaríamos una noche entera en esas condiciones. Vivimos momentos de tensión, aunque ahora los recuerde con cierta nostalgia; piensa que dormíamos literalmente sobre el hielo, sin tienda de campaña ni refugio: solo nosotros, el saco, la esterilla y el viento.

UN BICHO RARO

Al meternos en los sacos, empecé a sentir cómo los pies se me quedaban tiesos y dejé de notarlos. Como supondrás, me invadió el miedo y decidí frotarlos y moverme sin parar; al principio nada cambió, pero poco a poco recuperé la sensibilidad y, aunque tardé una eternidad en sentirlos calientes otra vez, lo conseguí. Solo entonces cerré los ojos y pensé: «Por fin, ahora sí puedo dormir».

Cerré los ojos, dejé que el sueño me venciera y entonces… la sensación más temida por cualquier campista invernal me golpeó la cabeza otra vez: «Mierda, me meo…». Respiré hondo e intenté convencerme de que podía aguantar; sin embargo —spoiler—, no pude; casi me hago pis dentro del saco. Lo abrí, me puse en pie y me sentí como si abriera la puerta de un congelador gigante, el viento me atravesó el cuerpo, pero conseguí aliviarme y volver al saco como una oruga.

Ay, ¡vaya nochecita! Fue larga, silenciosa y lenta, marcada por el sonido constante del viento rozando las rocas y por esa sensación extraña de estar completamente aislados del mundo. No dormíamos del tirón, pero tampoco sufríamos: era una vigilia tranquila, de ojos cerrados y pensamientos sueltos, esperando a que el cuerpo encontrara su sitio y el tiempo transcurriera. En esos momentos te da por pensar en tonterías, en lo pequeño que te vuelves ahí arriba… y en lo afortunado que eres por poder verlo.

Hasta que el sol encendió el cielo y de nuevo nos regaló algo de calor. Al reflejarse sobre el hielo, el suelo parecía un espejo y todo estaba como plastificado, a estrenar. La sensación era clara: la vida, a pesar de todo, siempre se abre paso.

TRES SITIOS EN LOS QUE NO SE DEBERÍA DORMIR

Habíamos dormido sobre el hielo, sí, pero también sobre esa frontera invisible donde el sufrimiento se convierte en historia y la locura en un recuerdo bonito.

Cada noche incómoda deja una historia; cada mal sueño, una lección. Dormir mal, a veces, es la forma más pura de sentirse vivo, porque esas noches en las que todo parece torcerse son las que más recordamos después, las que nos hacen reír, aprender... y seguir saliendo al campo.

CAPÍTULO 12

LA COBRA NORTE-AFRICANA

LA COBRA NORTEAFRICANA

Para muchos, la cobra es más que un animal: es un sueño, un símbolo. Representa ese instante en el que la pasión se mezcla con el miedo y sabes que te encuentras justo donde querías: frente a lo salvaje.

Hay animales que te cambian la forma de mirar el mundo. Para mí, la cobra norteafricana es uno de ellos, porque no se trata de una serpiente más: es el símbolo del respeto, del peligro y de lo salvaje.

Habita en las zonas áridas y semiáridas de Marruecos, Argelia y Túnez, y prefiere los oasis o las áreas donde aún hay viejas construcciones de barro. Es un animal de carácter serio, tranquilo si no se lo molesta, pero capaz de defenderse con decisión si se siente en peligro.

Por desgracia, cada vez quedan menos. Su población se encuentra en regresión, y buena parte de la culpa la tienen los *aizaguas*, los encantadores de serpientes. En lugares como Marrakech, es común ver a estos hombres tocando una flauta mientras una cobra «baila» frente a ellos. Sin embargo, lo que para muchos turistas parece un espectáculo exótico, es en realidad una historia de sufrimiento y engaño. Las cobras de esas plazas han sido capturadas en la naturaleza, arrancadas de su hábitat y mutiladas. Les cortan los colmillos para que no puedan morder e inocular el veneno, las mantienen deshidratadas y sin comida durante días, y cuando mueren —que lo hacen rápido— simplemente son reemplazadas por otra. Es un ciclo sin fin de crueldad y negocio.

Siempre me ha costado mirar esas escenas sin sentir rabia. Ver a un animal usado y reducido a una herramienta para sacar dinero me resulta insoportable, porque en ese momento

ya no hay naturaleza, solo un reflejo triste de lo que el hombre puede hacer por unas monedas.

Recuerdo la historia que me contaron unos amigos. Viajaban por una carretera perdida al sur de Marruecos y vieron una furgoneta parada en mitad de la nada; una rueda reventada. Pararon a ayudar —porque allí, en Marruecos, todos se ayudan—, y mientras cambiaban la rueda, uno de los hombres abrió la puerta trasera. Dentro había varios sacos que parecían moverse solos, como si respiraran. Cuando les abrieron uno, descubrieron quince cobras dentro; en otro, víboras; en otro más, culebras bastardas. Aquel hombre era un traficante de animales, se dedicaba a capturarlas para venderlas en las ciudades, a los *aizaguas*. Mis amigos sintieron muchísima rabia e impotencia. Querían liberarlas, pero sabían que no podían, porque entonces acabarían metidos en un problema mucho mayor.

Entonces entendí cómo desaparece la fauna: no se debe a grandes catástrofes, sino a pequeños gestos repetidos y silenciosos como ese.

Yo tenía muy claro que uno de mis sueños era ver una cobra, pero, obviamente, en libertad. Y lo conseguí. Fue en mi primer viaje a Marruecos y hacía años que deseaba encontrar una cobra. Nos habíamos preparado a conciencia: mapas, ganchos, guantes, todo lo necesario para recorrer zonas donde se sabía que aún quedaban algunas.

Siete días de búsqueda, de sol abrasador y kilómetros de desierto, y no fue hasta el quinto día cuando ocurrió. Íbamos por una pista que ni siquiera merecía llamarse «carretera», el coche levantaba una nube de polvo que se perdía en el ho-

rizonte. Revisábamos aljibes, uno tras otro, teníamos hambre de aventura. Los aljibes son unos depósitos de agua subterráneos, como pozos alargados; además, muchos tienen al lado un pequeño pozo de decantación: un agujero más corto, de unos dos metros, donde suelen caer animales al intentar beber. Y ambos se convierten en trampas mortales para la fauna.

Durante horas, parábamos, mirábamos dentro y seguíamos. Hasta que llegamos a uno que tenía muy buena pinta; era un pozo viejo, descuidado, con los bordes erosionados, uno de esos que sabes que son una trampa perfecta porque a cualquier animal le resulta fácil caer dentro y casi imposible salir. Álvaro tiró del freno de mano y el coche derrapó sobre la grava, levantando polvo por todas partes. Saltamos afuera, corrimos hacia el borde del pozo y miramos hacia abajo. Había agua, pero algo se movía entre unas ramas.

«¡Serpiente!», gritó Samuel. El tiempo se detuvo. Todos la miramos fijamente. Era negra y nadaba. La forma del cuerpo, la cabeza, el brillo… Dudamos un segundo, hasta que Melerus gritó lo que todos queríamos oír: «¡Es una cobra! ¡Es una cobra!». Nos volvimos locos. Gritos, abrazos, golpes, risas.

NO ERA UNA SIMPLE SERPIENTE: ERA «LA SERPIENTE». LA HABÍAMOS ENCONTRADO.

Entre todos logramos sacarla del pozo con un gancho extensible. En cuanto tocó tierra, se irguió, infló las costillas y levantó la cabeza mirando fijamente con esa expresión que parece humana, una mezcla de amenaza y sabiduría. Bufó,

y por un instante me pareció que todo el desierto guardaba silencio.

Nunca había sentido tanto respeto por un animal. Su mirada te atraviesa. No hay maldad en ella, solo poder. Naturaleza pura. La observamos un rato; era hermosa: negra, brillante, perfecta. Nos hicimos algunas fotos rápidas y sin perder el respeto. Y luego, con cuidado, la soltamos. La vimos alejarse lentamente por la arena hasta que desapareció entre las piedras.

NOS QUEDAMOS ALLÍ UN RATO, SIN HABLAR. TODOS SABÍAMOS QUE ACABÁBAMOS DE VIVIR ALGO IRREPETIBLE.

No solo encontramos una cobra, sino que habíamos visto el alma del desierto, y durante unos segundos nos había devuelto la mirada.

CAPÍTULO 13

EL FOTO-TRAMPEO: LOS OJOS OCULTOS DEL MONTE

EL FOTOTRAMPEO: LOS OJOS OCULTOS DEL MONTE

Hay lugares que parecen vacíos, caminas por un sendero y solo encuentras silencio, ramas y alguna huella vieja. Pero… ¿qué sucede cuando no estamos ahí o cuando se esconde el sol?

Pues, para resolver todas estas dudas, existe el fototrampeo. Para mí es una forma de abrir esa puerta invisible que te deja mirar lo que ocurre cuando nadie está mirando. Las cámaras de fototrampeo funcionan con sensores de movimiento, de modo que, cuando algo pasa por delante, se activan y graban. Tan simple como eso. Además, muchas pueden grabar incluso de noche gracias al modo de visión infrarroja.

Se utilizan para diversos fines, desde estudios científicos de fauna hasta proyectos de conservación de especies protegidas. Incluso en grandes obras —carreteras, parques eólicos o solares—, los técnicos instalan estas cámaras para saber qué animales viven allí antes de construir y, así, decidir si el proyecto puede afectarlos. Gracias a estos registros, en ocasiones se ha conseguido demostrar la presencia de fauna protegida en zonas donde se proyectaban construcciones, y algunos de esos proyectos han tenido que paralizarse o modificarse. Uno de los ejemplos más claros es el que te cuento a continuación.

El urogallo y los parques eólicos de León (España)

En la cordillera Cantábrica, concretamente en la provincia de León, varios proyectos eólicos fueron anulados o paralizados por los tribunales debido al impacto tendrían sobre el urogallo cantábrico (*Tetrao urogallus cantabricus*), una especie catalogada en peligro crítico de extinción en España.

El urogallo es un ave de gran tamaño, emparentado con los gallos de monte, conocido por su canto potente y por las espectaculares exhibiciones de celo que realiza durante la primavera.

El caso más reciente es el del parque eólico La Espina, cuya explotación fue prohibida por sentencia judicial el 8 de abril de 2025. El juez concluyó que el proyecto no había evaluado adecuadamente los efectos que el parque podía suponer para el urogallo, teniendo en cuenta que existen otros parques eólicos cercanos, y que la pérdida de un solo ejemplar de urogallo podría resultar catastrófica para la especie. En las resoluciones se subraya la importancia de los cantaderos —las zonas de celo del urogallo— y del hábitat circundante, que habían quedado dentro de áreas de un fuerte impacto visual y acústico debido a los aerogeneradores.

El urogallo cantábrico es, además, una especie que se estudia mediante fototrampeo, lo que enlaza justamente con lo que comento aquí: las cámaras permiten confirmar su presencia en zonas donde, de otro modo, sería imposible detectarlo.

SIN EMBARGO, MÁS ALLÁ DE LOS INFORMES Y LOS DATOS, EL FOTOTRAMPEO TIENE ALGO QUE NO SE PUEDE MEDIR: LA EMOCIÓN DE DESCUBRIR LO QUE OCURRE CUANDO NO ESTÁS EN EL BOSQUE.

Recuerdo perfectamente el momento en que coloqué mi primera cámara de fototrampeo, era la Navidad de 2023 y me habían regalado una nueva. Estaba en el pueblo, en Zamora, cerca de la sierra de la Culebra. Ese verano, la sierra había ardido por completo, dejando miles de hectáreas calcinadas; era un paisaje desolador. Aun así, sentía una curiosidad enorme por saber si aquellas montañas calcinadas seguían albergando algo de vida, así que me acerqué a Villardeciervos, una zona quemada, y puse la cámara en el tronco de un pino. Me alejé sin saber qué iba a encontrar, con esa mezcla de ilusión e incertidumbre por si algún listo pasaba por allí y decidía robarme la cámara que tanta ilusión me había hecho colocar.

Una semana después, justo antes de volver a Madrid, fui a recogerla. Me alegré de ver que seguía ahí: ni robada ni caída. Había huellas frescas y alguna cagada cerca. ¡Buena señal! Llegué a casa, encendí la estufa y, con toda la familia alrededor, abrí la cámara como si fuera un cofre del tesoro.

—A ver qué nos has grabado —dijo mi padre riéndose.

Revisamos el primer vídeo: unas hojas moviéndose.

—Pues va bien la cámara —añadió mi madre.

—Esperad, calma, que ahora viene lo bueno —dije yo.

Y vaya si vino. Primero apareció un ciervo enorme, seguido de una hembra cruzando frente a la cámara. Luego, un grupo de jabalíes con sus rayones, varios corzos husmeando el suelo y hasta un par de zorros que parecían patrullar la zona. En otro vídeo se veía un tejón rebuscando entre los restos del incendio y, más adelante, un jabalí grande con tres crías detrás, trotando por la noche entre las cenizas. Cada vídeo era una pequeña victoria: la vida no estaba acabada; sorprendentemente, había animales que habían conseguido sobrevivir a ese infierno.

El salón se llenó de gritos y sonrisas. Yo no podía apartar la vista de la pantalla.

TODOS ESOS ANIMALES HABÍAN SOBREVIVIDO AL FUEGO, Y VERLOS MOVERSE ENTRE LOS TRONCOS QUEMADOS ERA CASI UN MILAGRO.

Pero, justo antes de llegar a la última toma, la cámara hizo un ruido raro y se apagó. Intenté encenderla de nuevo, pero nada, había muerto; fue su primer y último servicio, aunque vaya estreno. Aquella cámara me enseñó algo: que el monte siempre resurge, aunque lo den por perdido.

DESDE ENTONCES, CADA CÁMARA QUE HE PUESTO ME HA CONTADO UNA HISTORIA DISTINTA, Y CADA HISTORIA ME HA RECORDADO QUE LA NATURALEZA NO NECESITA QUE LA VEAMOS NI QUE LA AYUDEMOS PARA SEGUIR VIVA.

CAPÍTULO 14

EL MONSTRUO DEL RÍO (SILUROS Y NOCHES DE AGUA Y SILENCIO)

Desde siempre me ha apasionado la pesca. De niño, iba con ilusión al río con un pequeño corcho envuelto en hilo y una boya roja atada a un anzuelo diminuto. Pescaba bogas, barbos… y lo que se dejara pescar. Aquel era mi mundo: la incertidumbre de no saber qué picaría en el próximo lance y la paciencia de mirar una boya flotando en silencio.

Con los años dejé de pescar, como se dejan las cosas que uno ama sin darse cuenta. Sin embargo, los peces seguían apareciendo en mis pensamientos, y me gustaban tanto que, incluso de adolescente, me construí un pequeño estanque en casa.

Todo empezó a cambiar cuando conocí a Javi. Él fue quien me devolvió las ganas de pescar, como si encendiera algo que llevaba dormido dentro de mí. Nos viciamos enseguida.

PASÁBAMOS LAS NOCHES JUNTO AL AGUA, CON EL FRÍO CONGELÁNDONOS LAS MANOS, UNA HOGUERA IMPROVISADA PARA CALENTARNOS Y EL SONIDO HIPNÓTICO DEL RÍO DE FONDO.

Pescábamos por gusto, no por necesidad, y siempre que pescábamos algo nos hacíamos una foto, curábamos al pez de la pequeña herida del anzuelo y lo dejábamos libre en el río. A veces no picaba nada, pero la experiencia valía igual: las risas, el silencio y esa sensación de estar exactamente donde queríamos estar. Había algo en esas noches que no tenía tanto que ver con pescar, sino con estar, con sentirnos parte del río, del frío y de la calma. Pescar me daba paz.

Una noche, entre bromas y termos de café, descubrimos el que sería nuestro siguiente objetivo: el siluro. Un pez gigante, casi prehistórico, que podía superar los 2,5 metros y pesar más de 100 kilos. Había llegado a España hace unos 50 años, al río Ebro, y se había convertido en el depredador supremo de nuestras aguas. Las fotos en internet eran brutales: tipos con peces más grandes que ellos, con bocas enormes, cuerpos grises y resbaladizos, sin escamas, como si hubieran salido de otro mundo.

—¿Te imaginas pescar uno de esos? —dijo Javi.

—Tío, si eso pica, nos arrastra al agua con él —le respondí riendo.

Pero los dos sabíamos que íbamos a intentarlo. Lo preparamos todo durante semanas: cañas nuevas, sedales gruesos, anzuelos del tamaño de una llave inglesa. Y, por supuesto, mucha ilusión.

Nuestro primer intento fue en el Ebro, a las afueras de un pequeño pueblo. Amanecía y la niebla flotaba sobre el agua; el río era ancho, inmenso, con su característico color marrón que daba sensación de suciedad. Lanzamos las cañas, pero no de cualquier manera, porque pescar estos peces resultó más complicado de lo que pensábamos. Necesitábamos una barca para llevar el cebo a la otra orilla, así que allí estábamos Javi y yo, en mitad del río Ebro, con una barquita de plástico barata, rezando por no caer al agua. Conseguimos colocar bien los cebos y ya solo quedaba esperar. Pasaron horas y más horas, para pescar se necesita mucha paciencia.

EL MONSTRUO DEL RÍO (SILUROS Y NOCHES DE AGUA Y SILENCIO)

UN BICHO RARO

Y no fue hasta el segundo día que los peces decidieron picar el anzuelo. Sonó el carrete. Primero, un zumbido leve; luego, un chillido agudo que nos heló la sangre. «¡Picada, picada!», gritó Javi mientras corría hacia la caña. El hilo se tensó con una fuerza brutal, la caña se dobló tanto que pensé que se partiría y yo la sujetaba mientras él preparaba la barca por si hacía falta meterse; los dos riéndonos, gritando, medio en pánico, medio en éxtasis. El pez tiraba con una potencia bárbara. Fueron unos minutos de lucha con los brazos ardiendo y el agua removiéndose como si el río entero respirara con nosotros.

Hasta que una sombra enorme emergió del fondo. Primero salió la cabeza, luego el cuerpo: era interminable, oscuro y pesado. Parecía un monstruo. Nos miramos sin decir nada. Superaba los dos metros. Su piel era similar a la de un delfín, suave pero cubierta de una baba espesa, así que para sujetarlo había que hacerlo por la boca.

—¡Agárralo con firmeza! —gritó Javi.

EL MONSTRUO DEL RÍO (SILUROS Y NOCHES DE AGUA Y SILENCIO)

—¡Ni de coña, que me arranca la mano! —le contesté entre risas, intentando mantener el equilibrio.

El siluro se movía con una fuerza increíble, golpeando el aire con la cola, pero al final, entre los dos, conseguimos sujetarlo. Durante unos segundos lo contemplamos en silencio, con el corazón latiendo a mil. Y entonces lo devolvimos al agua. Verlo desaparecer fue como soltar un trozo de leyenda: el agua se cerró sobre él y solo quedó el sonido del río. Javi y yo estuvimos un buen rato sentados en la orilla, agotados y empapados, pero muy felices. No habíamos pescado un pez: habíamos tocado un sueño.

Desde entonces, he vuelto a menudo al río. A veces pesco, otras veces no, pero siempre encuentro paz. La pesca me enseñó paciencia, humildad y silencio; me enseñó que algunas cosas no se tienen que buscar con prisa, porque lo importante no está al final del hilo, sino en todo lo que vives mientras esperas.

CAPÍTULO 15

MAURI-TANIA: EL TREN DEL HIERRO

MAURITANIA: EL TREN DEL HIERRO

Hay aventuras que no se buscan, pero que parecen hechas justo para ti. Cosas que sientes —sin saber por qué— que debes hacer al menos una vez en la vida, aunque sean peligrosas, incómodas o incluso ilegales, porque a veces no se trata de ser prudente, sino de sentirse vivo.

Y una de esas aventuras —la más salvaje que he vivido jamás— es subirse al famoso Tren del Hierro en Mauritania. Es un tren legendario, uno de los más largos y pesados del mundo, capaz de arrastrar más de 200 vagones cargados de hierro. Este monstruo metálico recorre 700 kilómetros desde las minas de hierro de Zouérate hasta la costa de Nouadhibou, en un viaje interminable por un desierto que parece no tener fin y en el que prácticamente no existen carreteras paralelas: si quieres cruzar por ahí, o vuelas… o sigues las vías.

La gente local lo utiliza desde hace décadas. No porque sea cómodo ni seguro, sino porque no tienen otra opción para moverse de manera económica por el país. Montarse encima de ese tren, con el viento azotándote en la cara y el polvo de hierro metiéndose en cada rincón del cuerpo, es su forma de viajar; para muchos, la única.

Ya lo había visto en vídeos, en relatos de viajeros y en fotografías, había escuchado historias de gente que se subía a ese tren como si se subiera a una leyenda. Y supe que tenía que hacerlo, que ese tren no podía quedarse en un sueño que nunca se haría realidad. Además, cada vez se habla más de él, más turistas lo usan, y tengo la sensación de que un día lo prohibirán del todo o lo convertirán en una atracción turística y controlada. Yo quería vivirlo mientras aún quede algo de locura en esa experiencia. Así que reuní a dos amigos, Nacho y Alberto, y nos lanzamos a por ello.

Camino al desierto: autobuses imposibles y controles militares

Volar a Mauritania era carísimo, así que buscamos una alternativa más barata pero más larga: volar a Marruecos por 15 euros y bajar por tierra hasta la frontera de Mauritania, cruzarla a pie y continuar en autobús.

Sin embargo, no sabíamos que aquellos autobuses iban a suponer, por sí solos, una aventura. Eran unos minibuses destartalados donde cabían diez personas…, pero metían por lo menos a diecinueve. El olor era fuerte, el calor insoportable, y cada tramo del viaje se convertía en una mezcla de risas, incomodidad y resistencia mental.

En mitad de la nada —literalmente, en un punto del desierto donde no hay nada más que arena— apareció un soldado con un AK-47, un cuaderno y una mirada seria. Mauritania está plagada de controles militares: en una recta de 500 metros te pueden parar dos o tres veces, tal como nos ocurrió en varias ocasiones durante el viaje. Los militares nos pedían los pasaportes, nos hacían preguntas y nos anotaban en listas, sin ninguna explicación. No solían retenernos mucho tiempo, pero la sucesión de paradas alargaba cada trayecto una eternidad.

Al final, los viajes eran incómodos, largos y pesados, pero teníamos dos formas de tomárnoslo: llorar o reír. Y nosotros decidimos reír, bromear y vivir aquello como parte de la aventura.

MAURITANIA: EL TREN DEL HIERRO

Un descanso inesperado: el oasis

Antes de seguir hacia el norte, paramos en Nuakchot, la capital, donde algo nos llamó muchísimo la atención: los coches. La mayoría eran Toyota y Mercedes viejísimos, oxidados, con golpes por todas partes y piezas sujetas a punto de soltarse. Muchos son vehículos que ya no sirven en Europa y han terminado allí, donde se les alarga la vida unos cuantos años más entre baches, arena y calor. Era como un cementerio rodante de coches, literalmente.

Continuamos el viaje y, tras horas encerrados en un autobús sin aire y sin espacio, descubrimos algo que parecía un espejismo: un oasis de verdad.

Era una gran explanada de arena finísima, rodeada de palmeras altas que proyectaban sombras alargadas sobre el suelo claro. Entre las rocas caían pequeñas cascadas que formaban pozas de agua transparente donde podías bañarte, con pequeños peces que te mordían los pies, y la temperatura era tan agradable que parecía que te hubieras teletransportado a otro lugar: ni el calor abrasador del desierto, ni el frío de la noche, solo una calma perfecta en mitad de la nada. Decidimos pasar allí un par de días, descansar, desconectar y respirar. Fue como un regalo inesperado antes de la tormenta. Sin embargo, pronto nos tocó volver al camino.

Una *pick-up* nos recogió para llevarnos al siguiente pueblo: íbamos siete personas dentro y cuatro colgadas detrás, agarradas como podíamos.

Bienvenidos a Mauritania

El caso es que debíamos desplazarnos de nuevo y conseguimos un conductor para hacer un trayecto de unas cuatro horas. Nos salió muy barato, y cuando llegó entendimos el porqué.

La *pick-up* de siete plazas llegó ya con siete personas dentro, es decir, estaba completa. Nosotros éramos tres más, pero en Mauritania eso no lo entienden. Estábamos cabreados, no podíamos meternos allí. El coche iba a tope, y no solo de gente: el maletero estaba completo, no cabían ni siquiera nuestras mochilas.

Entonces el señor sacó una cuerda fina y despeluchada del fondo del maletero, cogió la mochila de Nacho y la ató de malas maneras a la baca del coche. Yo lo estaba viendo y flipaba. Cuando vino a por mi mochila, le dije que ni muerto la ponía ahí arriba, que mi mochila iba conmigo, que allí, de esas maneras, no la iba a atar. El tío se cabreó y le pedí a Nacho que se lo pensara dos veces, que mirara la cuerda. Lógicamente, también él le hizo quitar su mochila del techo. Al final, puso arriba la rueda de repuesto para hacer hueco en el maletero, la ató con esas cuerdas que tan poco fiables parecían y comenzó el viaje. Yo me senté atrás del todo, junto al mauritano más grande que había visto en mi vida: por lo menos, debía de medir dos metros y pesar 150 kilos.

Hacía calor y, al haber tantas personas en el coche, mi culo quedaba justo encima del enganche del cinturón. Cada bache me rebotaba en el culo, y esto, sumado al calor y la mochila que llevaba encima, era un suplicio.

Recorrimos carreteras interminables y algún tramo que más que carretera parecía un camino de cabras, y, de repente… ¡PUM! Algo chocó contra el cristal y cayó al suelo: la cuerda que ataba la rueda de repuesto se había roto. Nacho y yo nos miramos, ¡podrían haber sido nuestras mochilas! Menos mal que las llevábamos encima…

Zouérate, el último punto antes del gigante de hierro

Llegamos por fin a Zouérate, un pueblo minero levantado alrededor de la montaña: camiones enormes entrando y saliendo de la mina, casas bajas, calles sin asfaltar y mucha pobreza escondida detrás de tímidas sonrisas. Allí casi todo gira en torno a la mina: quien no trabaja dentro trabaja para alguien que sí lo hace.

Compramos agua —más de nueve litros por persona— y pañuelos para protegernos del sol y de la arena.

Las temperaturas superaban los 40 °C, pero sabíamos que por la noche, en pleno desierto, cuando estuviéramos subidos en un vagón a la intemperie y con el viento pegándonos de lleno durante horas, el frío podría clavarse en los huesos; también sabíamos que el viaje en tren duraría entre quince y veinte horas, sin techo y sin descanso.

Sin embargo, estábamos preparados. Cogimos un taxi hacia un punto perdido en mitad de las vías, un lugar donde el tren se detenía unos minutos antes de seguir su ruta interminable.

ALLÍ, BAJO LAS ESTRELLAS, ESPERAMOS CINCO HORAS. CINCO HORAS MIRANDO EL HORIZONTE, DESEANDO QUE APARECIERA EL MONSTRUO DE ACERO.

MAURITANIA: EL TREN DEL HIERRO

Al principio aún quedaba luz y el calor seguía pegando fuerte, estábamos tirados en el suelo, al lado de las vías, sudando y bebiendo agua a pequeños sorbos.

—Tío, como no pase hoy, me da algo —decía Nacho.

—Tú tranquilo, que peor que el bus no va a ser —contesté, riéndome.

Poco a poco anocheció, a las siete ya no se veía casi nada, solo la silueta de las vías recortada contra el cielo. Terminamos tumbados boca arriba, en silencio y mirando las estrellas. Era una mezcla rara de impaciencia y paz: por un lado, queríamos que llegara el tren ya, y, por otro, sabíamos que estábamos viviendo un momento único.

La aparición del gigante

El primer tren llegó y casi nos explota el corazón de la emoción… Recogimos las mochilas a toda prisa, nos las colgamos a la espalda, nos llenamos las manos con las bolsas y empezamos a colocarnos junto a las vías, listos para abordar el vagón que quedara más cerca. Hasta que lo vimos bien: era una locomotora solitaria.

—Nada, entrenamiento —dijo Nacho, muerto de risa, mientras se volvía a tirar al suelo.

—Pues yo ya estoy sudando como si lo hubiera hecho entero —le respondí.

Nos miramos, nos reímos con cara de tontos y seguimos esperando. Y llegó.

Lo oímos antes de verlo: un rugido profundo que hacía vibrar el suelo. Su enorme cuerpo metálico avanzó como un dragón interminable delante de nosotros: eran más de 200 vagones cargados de mineral y cuatro locomotoras arrastrando un auténtico monstruo de hierro.

El tren se detuvo.

Teníamos unos minutos, así que corrimos, cargados de mochilas, sacos, agua y comida. Subimos como pudimos. Arriba nos esperaba la primera sorpresa: el hierro estaba empapado; lo riegan al cargarlo para que no se vuele con el movimiento del tren. Tuvimos que aplanar el terreno con nuestras propias manos, moviendo cientos de kilos de metal para crear un rincón en el que no nos hundiéramos y que nos protegiera del viento cuando el tren estuviera en marcha.

FUE DURO, PERO NO IMPORTABA. ESTÁBAMOS DENTRO.

La noche sobre el tren

Increíble: estábamos en el tren, con todo el equipo colocado, la alfombra extendida sobre el hierro húmedo y los sacos preparados. Teníamos el cuerpo pegajoso, cubierto de ese polvo de hierro que se quedaba pegado al sudor como si fuéramos estatuas oxidadas; aun así, no podíamos dejar de sonreír.

El tren empezó a moverse con su mítico CLAC, CLAC.

Nos tumbamos mirando el cielo con millones de estrellas. El tren temblaba, golpeaba, vibraba, pero conseguí cerrar los ojos un rato. Estábamos agotados, llenos de polvo, con frío…, pero felices.

Estábamos cumpliendo un sueño.

UN BICHO RARO

El amanecer del desierto

A las seis de la mañana me desperté. Sabía que se acercaba el momento más mágico del viaje: el amanecer en mitad del Sáhara desde un tren en movimiento.

Me incorporé temblando de frío y vi aparecer un sol gigante, naranja, levantándose por encima del horizonte. Era como si la tierra ardiera desde dentro.

Golpeé a mis amigos en los hombros: «¡Despertad, despertad! ¡Mirad esto!». Abrieron los ojos y se quedaron congelados ante una de esas escenas que no se graban en vídeo, se graban en el alma. Sacamos fotos, nos abrazamos, reímos, disfrutamos cada segundo. Y entonces… el destino decidió torcerse.

El punto de inflexión

El tren hizo su primera parada del día cerca de un puesto militar. Nosotros, inocentes, seguimos estando a la vista, no nos escondimos bien.

Grave error. Los militares nos vieron. Intentamos escondernos detrás del montículo de hierro, nos agachamos, nos tapamos con los sacos, pero ya era tarde y un militar subió a nuestro vagón.

Gritó: «¡Yala, yala!». Fuera. Ahora. Nos echaban de nuestro tren.

Las piernas me pesaban, pero el corazón todavía más. Tanta planificación y, de repente, tres palabras lo mandaban todo a la mierda. Intentamos ganar tiempo recogiéndolo todo despacio, pero fue inútil, nos obligaron a bajar las cosas y cargarlas en una *pick-up* militar. Teníamos miedo. Nos encontrábamos custodiados por unos militares enfadados, no sabíamos qué iban a hacer con nosotros.

Nos llevaron a una pequeña sala, nos pidieron los pasaportes y nos dijeron que teníamos que marcharnos de allí. Al final no fue tan grave como parecía, pero en esos minutos de incertidumbre la cabeza te hace imaginar todo tipo de cosas…

El tren arrancó frente a nosotros. Lo vimos alejarse con un nudo en la garganta. Tanto viaje, tanta ilusión, tanta preparación…, y nos habían tirado a la primera de cambio.

El peor viaje de mi vida

Los militares nos subieron a una *pick-up* y nos llevaron por el desierto. Sí, por el desierto, sin carreteras, sin nada. Fueron seis horas y media de golpes, polvo, sueño, dolor de cabeza y frustración. Incluso mi cabeza chocó contra el techo varias veces. Obviamente, no podíamos dormir ni descansar, aunque estábamos destrozados.

Y, aun así, lo peor no era el viaje, sino la sensación de haber perdido la aventura.

La frase que lo cambió todo

En mitad de ese silencio incómodo, roto por el rugido del motor y el traqueteo del coche, uno de mis amigos habló:

—¿Y si lo hacemos otra vez?

Nos miramos. Sonreímos.

Y en ese momento supe que la aventura no había terminado, que el desierto nos había echado a patadas…, pero aún no nos había ganado.

Epílogo

Al final, mirando hacia atrás, me doy cuenta de que muchos de los momentos más importantes de mi vida han sido así: llenos de polvo, de cansancio, de miedo y de dudas, pero también llenos de amigos, de animales salvajes, de misiones imposibles y de decisiones que no tenían sentido... salvo para mi corazón.

Este libro nace de todo eso, de comprender que la naturaleza no está ahí solo para ser observada, sino para vivirla. Porque al final, ya sea encima de un tren, en una jaima rodeada de mosquitos, frente a una cobra o esperando a que pique un siluro, siempre he sentido lo mismo: que vivir de verdad consiste en aceptar el peligro, respetar lo que nos rodea y volver a casa con una buena historia que contar.